성령의 지배를 받는 40일

예배훈련

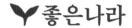 좋은나라

좋은나라는 문화, 예술, 예배에 관한 전문적인 출판물과 컨텐츠,
음반 등을 개발, 보급함으로써 세상을 치유하는 단체입니다.

WMI 예배교재시리즈1

성령의 지배를 받는 40일 예배훈련

재판 2쇄 | 2024년 5월
지 은 이 | 이유정
펴 낸 이 | 이유정
펴 낸 곳 | 도서출판좋은나라
디 자 인 | 원선우

출판등록 | 2013년 2월 7일제321-2013-000027호
주   소 | 서울특별시 영등포구 선유서로24길 6, 2동 101호
전   화 | 010-3320-0599

값 10,000원

성령의 지배를 받는 40일

예배훈련

이유정 지음

좋은나라

목차

"오직 너희는 택하신 족속이요 왕 같은 제사장들이요

거룩한 나라요 그의 소유된 백성이니

이는 너희를 어두운 데서 불러내어

그의 기이한 빛에 들어가게 하신 자의 아름다운 덕을

선전하게 하려 하심이라."

(벧전 2:9)

이 교재가 첫 발간된 지 3년이 흘렀습니다. 많은 분으로부터 이 교재를 통해서 자신의 예배, 공동체의 예배가 회복되었다는 간증을 듣고 있습니다. 일부 아쉬웠던 내용을 수정 보완해서 개정판으로 출간합니다.

무슨 일을 하든지 기본이 중요합니다. 모든 운동은 기본에 충실할 때 훌륭한 성적이 나옵니다. 최근 한국 스포츠가 세계무대에서 빛을 발하는 것은 기본에 충실했기 때문입니다. 신앙의 본질이요, 기본은 바로 예배입니다.

최근 이 예배의 가치에 대한 인식에 지각변동이 일어나고 있습니다. 일례로 영향력 있는 복음주의자요 개혁신학의 기수인 존 파이퍼 목사가 선교에 대한 자신의 책《열방을 향해 가라》에서 "교회의 궁극적인 목표는 선교가 아니라 예배"라고 선언했습니다. 1장 첫 단락부터 던진 화두입니다. 그 이유가 "선교는 예배가 없는 곳에 예배를 세우기 위해"[1] 필요하기 때문이라는 것입니다. 사뭇 도발적인 내용이지만 사실 맞는 말입니다. 궁극적인 존재는 사람이 아니라 하나님이시기 때문입니다. 이 한마디에 최근 서구 선교계의 지형도가 바뀌고 있습니다. 선교 프로젝트와 일에 몰두하느라 예배를 뒷전에 미뤄왔던 자각이 일어나고 있습니다.

오늘날 교회가 너무 바빠졌습니다. 하나님께 드리는 예배보다 각종 프로그램과 봉사활동에 무게중심이 옮겨졌습니다. 많은 성도가 "오래 입은 옷처럼 편하고 친숙하지만 새로움이나 긴장감이 없어서 그저 그렇고 식상한 종교적인 제의 행위"[2]처럼 타성에 젖은 습관으로 드립니다. 너무 자주 드리다보니 예배의 희소가치가 떨어졌습니다. 구약시대, 신약시대, 초대교회는 물론 우리나라 선교 초창기 시절만 돌아봐도 신앙생활이 이렇게 바쁘진 않았습니다. 예배 하나로 충분했습니다. 예배를 통해 신앙을 전수받았고, 예배 안에서 회복되고, 치유되고, 삶이 변화되었습니다.

상담학 18년, 목회 10년의 공진수 목사는 말합니다. "예배를 통해 하나님을 만나는 체험보다 확실하게 사람을 회복시키는 치유 프로그램을 본 적이 없다. 예배는 사람을 고치며 인격을 바꾼다. 예배는 관계를 고치며 생명을 살린다."[3]

---

1) 존 파이퍼, "열방을 향해 가라" (좋은씨앗, 2003), p. 19.
2) 김기현, "예배, 인생최고의 가치" (조이선교회 출판부, 2009) 서문
3) 공진수, "예배드림" (두란노서원, 2008), p. 13

10년 교회 다녀도 삶의 변화가 없는 성도가 많습니다. 생명이 있는데 변화가 없다면 심각한 문제입니다. 생명은 유기체입니다. 유기체는 성장합니다. 성장이 없는 신앙은 죽은 신앙입니다.

A.W. 토저는 모든 그리스도인의 삶의 실패는 예배의 영광을 경험하지 못했기 때문이라고 했습니다. 성도가 예배 가운데 살아계신 하나님을 만나지 못한다면 그들은 막장 수준의 세속문화 앞에 무릎 꿇고 말 것입니다. 예배에 하나님의 임재가 없는데 교회 성장을 위해 새로운 프로그램을 하나 더 추가하는 것은 심장이 썩어 들어가는데 눈코 성형수술 하는 것이나 다름 없습니다.

저는 종종 예배회복의 절실한 필요는 알고 있지만 어디서부터 어떻게 시작해야 할지 막막하다는 목회자의 고백을 접합니다. 대세에 의해 새로운 예배의 물결을 수용했으나 세대 간의 단절로 성도의 불편만 늘고, 오히려 예배의 본질을 놓쳐 혼란을 겪기도 합니다. 목회자와 예배팀은 뜨거운 열정으로 달려가지만 회중은 여전히 소극적으로 관망하거나 불평불만을 쏟아 놓습니다.

이 훈련교재는 현대 교회가 직면한 예배의 위기를 정직하게 직면하면서 두 가지 중요한 화두를 던집니다. 첫째는 주일의 가치를 재발견하는 것입니다. 오늘날 성도들은 공예배를 포함한 '주일' 하루가 어떤 의미를 갖는지, 24시간을 어떻게 보내는 것이 온전한 주일성수인지 그 성경적인 관점을 제대로 훈련받지 못했습니다. 주일은 일주일의 정점입니다. 이 신앙생활의 구조를 재발견하고 재해석하는 것이 다음세대에게 신앙을 전수하는 지름길입니다. 이를 위해 우리는 유태인들이 안식일 24시간 전체를 구조화해서 쉼과 재충전을 목숨처럼 지킨 것을 살펴볼 것입니다. 그래서 주일을 온갖 봉사와 회의, 사역으로 초죽음되는 날이 아닌, 쉼과 회복, 재충전과 생명력이 넘치는 하루가 되도록 시간을 재건축해야 합니다.

두 번째는 '회중'의 역할을 재발견하는 것입니다. 지난 한국교회 역사 속에서 예배 가운데 가장 홀대받은 영역은 회중입니다. 유학시절에 왕같은 제사장(벧전 2:9)인 '회중'이 바로 '예배의 주체'라는 것과, 이 명제가 지난 반세기 동안 서구교회에서 일어난 종교개혁 수준의 갱신운동의 주요 화두였음을 알았습니다. 한인교회 예배디렉터로 섬기던 2009년 가을 어느날, 7년 동안 전념했던 예배사역의 청사진에 구멍이 뚫린 것을 발견했고, '회중을 위한 예배훈련'의 필요성을 절감했습니다. 이제는 목회자, 예배인도자 중심의 예배갱신을 넘어서야 합니다. 종교개혁과 제자훈련이 추구했던 만인제사장직, 이제 예배훈련을 통해 다시 한번 개혁의 불을 지펴야 할 때입니다.

> **"오직 너희는 택하신 족속이요 왕 같은 제사장들a royal priesthood이요"**
> **(벧전 2:9 상반절)**

베드로는 교회를 향해 제사장이라 칭합니다. 제사장은 예배의 달인이요 선수입니다. 교회인 성도들은 그런 의미에서 예배의 선수입니다. 선수로 뛰어야 할 회중이 수동적인 관객으로 전락하다보니 교회마다 구경꾼이 넘치고 있습니다. 유일한 관객이신 하나님의 자리를 평신도가 차지하고 예배를 평가, 비판합니다. 이것이야말로 예배를 무너뜨리는 고질적인 주범입니다.

이스라엘이 애굽을 탈출한 이후 시내광야 도착했을 때, 하나님께서 성막 제사제도를 이스라엘 백성에게 주시고 1년 가까이 가르치셨습니다. 바로 예배훈련을 하신 것입니다. 한국교회는 지난 30년간 제자훈련을 통해 평신도의 회복과 성숙을 경험했습니다. 이제 이 제자훈련에 예배를 장착해야 할 때입니다.

이 예배훈련은 관객의 자리에 자신의 거룩한 신분을 잊고 잠자고 있는 회중을 제사장이요, 선수의 위치로 복귀시키기 위한 실제적인 훈련과정입니다. 이 훈련기간 동안 우리는 7가지 예배의 법칙들을 다룰 것입니다. 이것은 성경에서 도출된 예배의 본질적이고도 보편적 원리들입니다. 이 7가지 법칙은 주일 공예배와 주중 삶으로 드리는 예배를 유기적으로 연결합니다. 이 예배의 법칙을 성도의 일주일 신앙 사이클에 적용할 때 자연적 영적성장도 가능합니다. 그럴 때 매주 반복되는 예배야말로 영적 성숙의 핵심 동력이 됩니다.

저의 꿈은 이 예배훈련 과정을 통해 회복된 수많은 왕같은 제사장들이 한국 사회와 열방을 치유하는 거룩한 예배운동이 일어나는 것입니다. 교회마다 회복된 평신도들이 주의 나라를 위해 거룩한 삶의 결단이 일어나는 것입니다.

이유정 소장
미주 예배사역연구소

1st week

오리엔테이션

40일 예배훈련과정의 목표

1. 예배의 본질을 꿰뚫는 안목을 갖게 된다
2. 하나님을 만나고 삶이 변화되는 예배를 경험한다
3. 일곱 가지 예배의 법칙을 몸에 배도록 훈련한다

1주 _
오리엔테이션

I. 도입

1. 환영

예배가 이끄는 40일 예배훈련과정을 시작하는 여러분을 환영합니다. 여러분은 하나님이 찾으시는 진정된 예배자가 되기 위한 첫 걸음을 내딛는 결단을 하셨습니다. 예배훈련과정은 예수 그리스도를 믿는 자라면 누구나 거쳐야 할 필수과정입니다. 예배는 예수 그리스도를 영접한 자들만이 그 의미와 깊이를 이해할 수 있는 보석이요 신자의 특권입니다. 특별히 예배사역이나 찬양사역 봉사자들에게는 빠져서는 안 되는 필수 과정입니다.

2. 나눔

향후 여러분은 훈련자의 인도에 따라 그리스도인이 매주 드리는 예배의 기초를 훈련받게 됩니다. 이 예배훈련반을 통해 여러분은 우리가 매주 드리고 있지

MEMO

만 그 진가를 잘 알지 못해서 잃어버린 진주가 되어버린 예배의 가치를 되찾게 될 것입니다. 함께 이 과정을 배우는 교우들은 예배훈련과정 동기생이 됩니다. 향후 아름다운 교제가 이어지기를 기대합니다.

Q. 예배묵상 : 한 사람씩 자기소개를 하자. 이름, 사는 곳, 가족소개 등을 간단히 소개하고, 본 교회에 오게 된 동기, 예배훈련과정에 등록하게 된 동기를 소개한다. 2달 동안 함께 훈련받게 될 동료들의 이름과 특징 등을 아래쪽 빈 칸에 기록해 보자.

---

3. 이 훈련과정을 수료하려면?

40일 예배훈련과정의 수료를 위해서는 몇 가지 기준이 있습니다.

첫째, 오리엔테이션을 포함한 총 9회의 수업 가운데 2번 이상 결석하면 수료하실 수 없습니다. 결석한 과정은 반드시 보충 수업을 받으세요.

둘째, 각 과의 과제를 성실하게 완성하세요.

셋째, 이 과정을 마치면 반드시 이 과정을 통해 새롭게 깨달은 간증문을 적어서 제출하세요. 간증문을 적는 것과 그냥 지나가는 것 사이에는 큰 차이가 있습니다. 글로 자신의 깨달음을 정리했을 때 그 깨달음이 오랫동안 자신의 것으로 남게 됩니다.

MEMO

4. 훈련을 위해 결심하세요

이제 기도함으로 예배훈련반을 시작하기로 다짐합시다. 위대한 운동선수가 되는 비결은 단순합니다. 그만큼 훈련했기 때문입니다. 월터 A. 헨릭슨은 그의 책 《훈련으로 되는 제자》에서 '제자는 태어나는 것이 아니라 만들어진다' (Disciples Are Made, Not Born)[4]고 했습니다. 예수의 제자는 훈련된 자입니다. 제자(disciple)와 훈련(discipline)은 그 어원이 같습니다. 예수님은 3년간 제자들과 함께 살면서 훈련하셨습니다. 위대한 선교사 오스왈드 샌더스도 훈련받은 자만이 가장 높은 능력에 도달한다고 했습니다.

왜 예배를 훈련해야 할까요? 첫째, 하나님께서 예배자를 찾으시기 때문입니다. "아버지께서는 이렇게 자기에게 예배하는 자들을 찾으시느니라."(요 4:23 하반절) 하나님은 완전하신 분이십니다. 그분께서 무엇인가를 찾으신다고 하셨을 때 그것은 우리에게 가장 중요하고 가장 본질적인 것임에 틀림없습니다. 그것이 '예배하는 자'라 했습니다. 많은 성도들 가운데 특별히 '예배자'를 찾으신다는 것은 그만큼 이땅의 교회가 아직 준비되지 않았거나 하나님의 마음에 합한 예배자가 드물기 때문입니다. 예배자로 구비되기 위해서 당연히 예배훈련이 필요합니다.

둘째, 하나님도 예배훈련하셨기 때문입니다. 하나님은 출애굽 이후 시내광야에 도착한 이스라엘에게 제사제도를 주셨습니다. 그리고 백성들이 이 제사제도를 익히도록 거의 1년 동안 훈련하셨습니다.

셋째, 성도에게 묻어있는 세속의 때를 벗어버리기 위함입니다. 군대에서 군기를 잡고 혹독한 훈련을 하는 까닭은 사회에서 체질화된 생활방식으로는 도저

MEMO

히 군 생활을 감당할 수 없기 때문입니다. 신병훈련의 핵심은 군생활에 가장 필요한 기초적인 정신무장입니다. 이 훈련을 거쳐야만 비로소 정식 군인이 됩니다. 예배도 마찬가지입니다. 현대인은 돈, 명예, 권력, 스포츠, 연예인 스타 등 헛된 것을 예배하는 세상에 노출되어 있습니다. 이 세속적인 마음의 습관으로부터 벗어나 하나님만 온전히 예배하기 위해서는 반드시 훈련이 필요합니다. 이 훈련을 거쳐야 비로소 하나님께서 성도에게 부여하신 제사장의 직분(벧전 2:5,9)을 온전히 감당할 수 있습니다.

기독교 훈련이 세상 훈련과 근본적으로 다른 특징은 새로운 기술을 배우거나 연마하는 것이 아니라는 것입니다. 헨리 나우웬이 말한 것처럼 이 훈련은 어떤 것을 터득하는(master) 것이 아니고 오히려 성령의 지배를 받는(be mastered) 것입니다.[5] 예배는 철저한 성령의 사역입니다. 진정한 예배의 마에스트로, 최고의 지휘자는 성령이십니다. 내 예배와 삶이 성령의 지배를 받도록 하는 것이 예배성공의 지름길입니다. 실제로 우리 주위에 은사는 탁월한데 사역에 실패하는 경우가 많습니다. 그 이유는 자신의 삶을 성령의 통제에 굴복하지 않았기 때문입니다.

그리스도인이 되었을 때 첫 신앙행위는 매 주일 정기적으로 교회에 나와 예배를 드리는 것입니다. 그런데 대부분의 경우 예배의 가치나 의미, 원리도 모른 채 참석합니다. 그렇게 시작된 예배는 기초도 없이 반복되어 안타깝게도 평생 예배습관으로 굳어버립니다. 문제는 한번 들여진 습관이라는 무소부재의 관성

---

4) 월터 A. 헨릭슨, 훈련으로 되는 제자(네비게이토 출판사, 2007), 서문.
5) 헨리 나우웬, 세상의 길 그리스도의 길 (IVP, 2003), p. 60.

MEMO

은 쉽게 변하지 않는다는데 있습니다.

스티븐 코비는《성공하는 사람들의 7가지 습관》에서 이 문제를 다룹니다. 우리에게 잘못 길들여진 태도나 행동 습관은 우리의 인생에 심각하고 결정적인 영향을 미칩니다. 그래서 그 문제가 만들어졌던 피상적인 수준의 방법, 즉 외적 태도를 변화시키는 수준의 접근으로는 결코 바뀌지 않는다는 것입니다. 그래서 그는 성품 즉 '내면에서부터 변화하여 외부로 향하는' 접근법을 제시했습니다.[6] 결국 스티븐이 이 책에서 강조하고 싶은 가장 핵심적인 원리는 마음의 습관이 바뀌어야 외적 태도도 바뀐다는 것입니다.

예배훈련 교재가 가장 중요하게 여기는 핵심 원리가 바로 마음의 습관입니다. 이 마음이 삶을 지배하는 사령부요, 변화가 시작되는 곳이기 때문입니다.

> "무릇 지킬만한 것보다 더욱 네 마음을 지키라 생명의 근원이 이에서 남이니라."_ 잠 4:23

그러므로 예배훈련의 키는 예배드리는 형식이나 방식을 바꾸는 것이 아니라 예배의 마음을 바꾸는 것입니다. 하나님은 인간의 외모가 아닌 중심을 보십니다.

> "사람은 외모를 보거니와 나 여호와는 중심을 보느니라."_ 삼상 16:7 하반절

그렇다면 어떻게 이 마음의 습관을 형성할 수 있을까요? 영적 근육을 단련해야 합니다. 근육은 훈련받은 그대로 기억합니다. 자전거를 배울 때, 우리의 신

MEMO

경근육계가 일단 균형잡는 법을 알아내면 이를 평생 기억합니다. 마찬가지로 영적 근육이 예배하는 법을 익히면 평생 마음의 습관으로 지속됩니다.

필자가 섬기던 교회에 한 노부부는 항상 30분 일찍 와서 예배실에 앉아 계셨습니다. 그 이유를 물었더니 답은 간단했습니다. "처음 예수 믿자마자 담임목사님으로부터 예배는 이렇게 드리는 것이라고 배웠어요." 이 노부부는 그때부터 마음의 습관이 형성되어서 영적 근육으로 자리잡힌 것입니다. 그것이 평생 좋은 예배습관으로 자리잡은 것입니다.

예루살렘을 향해 하루 3번 기도한 다니엘이나 어떤 극한 상황에서도 항상 하나님을 의지하고 묻고 행동했던 다윗처럼, 위대한 영적 거인들의 특징은 영적 근육대로 일생을 산 사람들입니다. 이렇게 살 때 우리의 성품은 예수의 성품으로, 우리의 삶은 성령의 사람으로, 우리의 사역은 성령의 사역으로 풍성한 열매를 맺게 됩니다.

그리스도인에게 좋은 예배습관이 형성되기만 하면 매주 드리는 예배는 그 어떤 교육이나 훈련 프로그램, 양육 시스템과 비교할 수 없는 탁월한 공적 양육의 현장이 되는 것입니다. 이 축복된 현장이, 그것도 매주 반복되는 신앙행위로 이미 우리에게 주어져 있건만, 타성에 젖은 의식으로 전락된 채 허송세월하는 수많은 그리스도인의 삶이 참으로 안타깝기 그지없습니다.

그래서 제안합니다. 향후 40일 동안 예배에 참석하실 때마다 성령께서 나를 주관하시도록 자신을 내려놓고, 말씀과 성령으로 채우십시오. 이 예배훈련 과

---

6) 스티븐 코비, 성공하는 사람들의 7가지 습관 (김영사, 1994), p. 59.

MEMO

정에 마음을 집중하고, 시간을 투자하고, 삶을 희생하십시오. 그러면 그동안 잘못 형성된 예배습관이 하나님이 기뻐하시는 건강한 예배습관으로 하나 둘 바뀌게 될 것입니다. 예배가 살아나고 여러분의 영이 살아날 것입니다. 이를 위해 아래와 같이 다짐하십시오.

나 _____ 는 오늘부터 40일간의 예배훈련과정에 성실하게 참여하고 매일 15분의 주중 과제를 성실하게 완성함으로써 이 과정을 수료할 수 있도록 최선을 다할 것을 다짐합니다.

년   월   일

서명 _____

---

5. 개인 학습 방법은?

이번 주부터 매일 해야 할 예배묵상 과제가 있습니다. 여러분이 미리 준비할 때 클래스는 더욱 여러분 자신의 것이 될 것입니다. 하루 15분의 시간을 투자하십시오.

먼저 조용한 시간과 장소를 확보하십시오. 꼭 펜을 준비하십시오. 다 준비가 되었으면 잠시 성령님께 깨달음을 달라고 기도하십시오. 그리고 매일 해당되는 묵상 자료를 1독 하십시오. 매 주마다 6~7가지의 읽을거리가 주어져 있습니다.

MEMO

혹시 어떤 부분이 이해가 되지 않을 때는 다시 한 번 정독을 하십시오.

그 이후 네모 박스 안의 묵상 질문을 읽고, 성실하게 답을 적으십시오. 펜으로 답을 적는 것과 적지 않고 생각만 하고 넘어가는 것은 큰 차이가 있습니다. 내안에 떠오르는 생각을 그 즉시 적지 않으면 몇 시간 후에 완벽하게 잊어버릴 가능성이 80~90%가 넘습니다.

새롭게 깨달은 내용을 갖고 하나님께 기도하십시오. 혹시 새로운 적용거리가 있을 경우에는 그날 하루 동안 내 삶에 적용할 수 있도록 힘과 지혜를 달라고 기도하십시오. 매일 하나의 주제를 읽도록 되어 있기 때문에 그 이상의 무리한 적용은 오히려 실패할 가능성이 많습니다. 아주 사소해보이고, 작은 적용이라도 괜찮습니다. 매일 미루지 말고 그날그날 적용하십시오.

예를 들어서 제2주 화요일 묵상자료인 '반복의 잠재력'을 읽었다면 묵상질문에 대한 답을 이렇게 구체적으로 적용해봅시다. "오늘 하루 동안 매 한 시간마다 5분씩 집중적으로 예수님(또는 당일 묵상자료에 있는 성경구절)을 묵상하자."

이렇게 하루하루의 과제를 성실하게 해나가십시오. 그럴 때 매주 클래스가 더욱 활기를 띄게 될 것이며 이 훈련과정은 여러분에게 최고의 시간이 될 것입니다.

MEMO

Q.
예배묵상 : 한 주일 7일 가운데 예배묵상 과제를 하는 날은 월요일부터 금요일까지이다. 왜냐하면 그렇게 할 때 월요일부터 주일을 준비하는 예배습관이 형성되기 때문이다. 혹시 5일 가운데 불가능한 날이 있다면 할 수 있는 날짜를 아래의 (   ) 5곳에 체크해보자.

　　　월(   ) 화(   ) 수(   ) 목(   ) 금(   ) 토(   ) 주일(   )

II. 40일 예배훈련과정의 목표

　이 예배훈련과정을 마치게 되면 여러분은 다음과 같은 내용을 훈련받고 그것이 여러분의 삶에 습관화가 될 것입니다.

1. 예배의 우선순위를 회복하게 된다.

　한 율법사가 예수를 시험하기 위해 물었습니다. "선생님이여 율법 중에 어느 계명이 크니이까?" 그때 예수께서 이렇게 답하셨습니다.

　" 네 마음을 다하고 네 목숨을 다하고, 네 뜻을 다하여, 주 너의 하나님을

MEMO

사랑하여라' 하셨으니, 이것이 가장 중요하고, 으뜸가는 계명이다. 둘째 계명도 이것과 같은데 '네 이웃을 네 몸 같이 사랑하여라' 한 것이다." (마 22:36~40, 표준새번역)

하나님 사랑과 이웃 사랑이 율법의 핵심입니다. 예수님은 이 율법을 십자가에서 완성하셨습니다. 여기에서 우선순위priority는 예수께서 '가장 중요하고, 으뜸가는 계명'이라 말씀하신 것처럼 '하나님 사랑'입니다. 이 우선순위 즉 '하나님 사랑'에 예배의 본질이 있습니다. 《예배가 살아야 예수 믿는 맛이 난다》의 저자 서삼정 목사는 "사랑은 예배의 한 요소가 아니라 예배 자체가 사랑이어야 한다"[7]고 했습니다. 우리가 사랑하는 것을 우리는 예배합니다. 돈을 사랑하면 돈을 예배하는 것이고, 우상을 사랑하면 우상을 예배하는 것입니다.

리처드 포스터는 이것을 예배가 첫째이고 봉사가 둘째인 '신적 우선순위'라 했습니다. 봉사는 예배에서 흘러나오기에 봉사로 예배를 대체하면 그것은 우상숭배라는 것입니다. 하나님 보다 더 사랑하는 것은 우상숭배입니다.(시 114:4-8)

오늘 저와 여러분이 가장 사랑하는 것이 무엇인가? 이 우선순위에 예배의 본질이 있다. 이를 힘써 지켜야 한다. 이것이 무너질 때 다른 것도 무너집니다. 하나님 사랑 없이 이웃사랑도 없습니다. 하나님께 사랑의 힘을 공급 받지 않고 원수를 사랑할 수 있는 위인은 없습니다. 예배가 무너질 때 그 외의 봉사와 교육,

---

7) 서삼정, 예배가 살아야 예수 믿는 맛이 난다 (두란노, 2005), p. 16~20.

MEMO

훈련과 교제는 껍데기에 불과합니다. 그러나 예배가 살아나면 모든 것이 살아납니다.

2. 하나님을 만나고 삶이 변화되는 예배를 경험한다

예배는 하나님과의 만남입니다. 만남에서 그치지 않고 사귐으로 이어집니다. 그래서 거룩하신 하나님을 만날 때 변화가 일어납니다. 그 거룩한 빛 앞에 설 때 죄로 물든 자화상을 직시하게 됩니다. 그분의 완전한 성품에 부패한 자아가 노출 될 때 감화됩니다. 그 결과 치유, 회복, 정결케 되는 것입니다.

구약의 제사는 항상 이 같은 하나님의 임재가 있었습니다. 그 임재가 너무나 강력해서 때로는 대제사장의 사소한 죄 하나로 그 자리에서 즉사할 수밖에 없었습니다. 그런데 신약의 예배는 마치 하나님의 임재와는 상관없는 부족한 예배처럼 보입니다. 하나님의 임재가 구약제사는 너무 압도적이고, 신약의 예배는 너무 희소한 것일까요? 그렇지 않습니다. 오히려 신약의 예배는 눈에 보이지는 않지만 더욱 압도적인 영적 열매와 역사가 일어납니다. 하나님의 말씀에 눈이 열리고, 죄가 사함 받고, 올무에서 해방되고, 상한 마음이 치유되며, 앉은 뱅이가 일어나며, 눈먼 자가 눈을 뜨고, 병든 자가 낳고, 죄로 물든 지각이 천국의 지혜로 변화됩니다.

예배가 끝났는데 아무런 변화가 없었다면 그것은 비극입니다. 물론 변화가 예배의 목적은 아닙니다. 예배의 결과일 뿐입니다. 그럼에도 불구하고 예배의 진정성은 그 결과를 통해 드러납니다. 즉 예배의 동기motive는 예수 그리스도요, 예배의 목표goal는 하나님을 영화롭게 하는 것이지만 예배의 실체reality

MEMO

는 예배자의 변화입니다.

만일 하나님을 만났는데 아무런 변화가 없었다면 하나님이 가짜이거나, 예배가 민방위 교육수준에 불과한 것입니다. 10년 동안 예배드려도 전혀 변화가 없는 사람이 있습니다. 생명은 유기체이고, 유기체는 성장합니다. 그래서 성장이 없다면 죽은 것이나 다름 없습니다. 예배에는 하나님의 생명이 흐릅니다. 그래서 단 한 번의 예배라도 변화가 일어납니다.

예배는 일회성 이벤트가 아닙니다. 1년 52주 반복됩니다. 그래서 이 예배를 통해 우리의 인생에 놀라운 변화가 일어날 수밖에 없습니다. 결국 변화된 한 사람으로 인해 가정, 사회, 국가, 땅 끝까지 하나님의 영향력이 미치는 것입니다.

3. 일곱 가지 예배의 법칙을 몸에 배도록 훈련한다

이 예배훈련과정은 그동안 수많은 학자, 예배인도자, 목사, 평신도들이 깨달은 예배 원리들의 인큐베이터 속에서 배양되었습니다. 《성령의 지배를 받는 40일 예배훈련》교재는 저자의 단행본 《잠자는 예배를 깨우라》의 훈련교재 판입니다. 이는 지난 10여 년간 쏟아 온 예배 관련 말씀묵상, 기도, 현장사역, 독서, 강의, 세미나, 워크샵, 컨퍼런스 등의 산물입니다.

그 원리들을 영성훈련이라는 개념과 결합시켰습니다. 그래서 '예배의 영적성장 사이클'이라는 반복 개념을 도출했습니다. 그것은 회중 예배를 중심으로 6일간의 삶으로 드리는 예배에 이르기까지 일주일 예배 사이클 속에서 놀라운 영적 성장의 원리가 숨어있다는 개념입니다. 영적훈련의 이면에는 반복의 원리가 숨겨 있습니다. 예수님의 기도생활은 반복되는 습관이었습니다.

MEMO

"예수께서 나가사 습관을 좇아 감람산에 가시매 제자들도 좇았더니 그곳에 이르러 저희에게 이르시되 시험에 들지 않기를 기도하라 하시고." (눅 22:39,40)

우리는 1세대 신앙의 선배들에게 감사해야 합니다. 그 이유는 주일성수라는 반복의 습관을 후배들에게 유산으로 남겨주셨기 때문입니다. 문제는 그 정신은 사라지고 껍데기만 남아 있는 것입니다. 주일성수의 가치보다는 "주일예배에 빠지면 벌 받는다"는 정죄감과 율법적 의무 정도로 전락했습니다. 최근에는 그 의무마저 사라지고 있습니다.

하지만 여전히 이 유산은 이미 한국교회 100년 역사를 통해 싫든 좋든 기독교인들의 몸에 뿌리 깊게 배어 있습니다. 이것을 잘 활용해서 그 진정성과 가치를 재발견하고, 업그레이드하기만 하면 다음세대에게 가장 가치 있는 영적 유산을 물려줄 수 있을 것입니다. 주일성수라는 아름다운 유산의 우산 속에서 일주일 사이클의 반복되는 예배 원리를 성도의 삶에 적용하여 영성훈련의 차원으로 끌어올릴 때 그 시너지 효과는 놀라울 것입니다.

이 예배의 원리들을 누구나 쉽게 이해하고 삶에 적용할 수 있도록 7가지로 카테고리화 했습니다. 1주일 사이클로 돌아가는 예배의 원리를 7가지로 정리한 것입니다. 이 7가지 예배의 법칙은 성경의 원리에서 도출되었습니다. 그것은 기대감, 드림, 반응, 경외, 친밀, 영과 진리, 순종 등입니다. 기대에서 시작해서 순종으로 끝납니다. 이 예배의 법칙들은 크리스천 모두를 대상으로 풀어 쓴 예배의 보편적인 원리입니다.

MEMO

이 원리들은 어쩌면 이미 우리가 알고 있는 것입니다. 그러나 알면서 너무 오래 동안 무시하고 지나친 것들입니다. 이 예배훈련과정을 통해 수강생은 매주 1가지의 예배법칙을 성령 안에서 구체적으로 삶에 적용하게 됩니다. 일곱 가지를 다 적용했을 때 새로운 예배습관이 형성되도록 강의, 나눔과 함께 예배묵상 과제가 진행됩니다.

Q. 예배묵상 : 위에서 설명한 예배훈련과정의 3가지 목표를 다시 한 번 살펴보고 자신에게 가장 필요하다고 느껴지는 목표에 대해 돌아가면서 이야기해 보자.

III. 예배자의 자격과 신분

예배가 이끄는 40일 훈련과정을 시작하기 전에 먼저 다음의 두 가지를 점검하고 넘어갑시다. 예배를 드리는 모든 예배자에게 필요한 자격이 있습니다. 아울러 자신이 하나님 앞에 어떤 신분으로 예배를 드려야 하는지 자신의 정체성을 분명히 알고 드려야 합니다.

MEMO

1. 자격 : 하나님의 자녀

예수님께서 우리에게 직접 그려주신 예배의 큰 그림이 있습니다.

> "아버지께 참으로 예배하는 자들은 신령과 진정으로 예배할 때가 오나니
> 곧 이 때라 아버지께서는 이렇게 자기에게 예배하는 자들을 찾으시느니
> 라." (요 4:23)

이 구절은 예수님께서 예배에 대해서 가장 직접적으로 언급하신 유일한 말씀
입니다. 여기에서 하나님이 찾으시는 예배자의 자격은 한 가지입니다. 그것은
아버지께 예배할 수 있는 자녀의 지위입니다. 바로 하나님의 자녀 말입니다. 그
래서 예배자의 조건은 하나뿐입니다. 바로 예수 그리스도를 믿고 영접함으로
하나님의 자녀가 되는 것입니다.

> "영접하는 자 곧 그 이름을 믿는 자들에게는 하나님의 자녀가 되는 권세를
> 주셨으니 이는 혈통으로나 육정으로나 사람의 뜻으로 나지 아니하고 오직
> 하나님께로서 난 자들이니라." (요 1:12,13)

너무 쉬워서 믿겨지지가 않습니다. 다른 종교에서는 신의 경지에 오르기 위
해 20년, 30년의 도를 닦고 수련을 쌓고도 신과 통하는 득도가 될까 말까한데
기독교는 예수를 믿기만 하면 기독교의 신인 하나님과 통하는 예배가 가능하다니
요. 그러나 제아무리 믿고 싶지 않아도 이것은 사실입니다. 예배 현장에서 하나님

MEMO

을 만날 수 있는 유일한 조건은 바로 '하나님의 자녀 된 신분' 하나뿐입니다.

2. 신분 : 왕 같은 제사장

중세교회의 가장 큰 실수는 평신도를 일명 '병신도'로 만든 것입니다. 당시 예배는 평신도와 성직자의 이중적 계급구조가 가장 극명하게 드러나 있습니다. 즉 평신도가 알아들을 수 없도록 라틴어 성경이 사용되었고, 성가대의 거룩하고 아름다운 찬양도 성직자들이 도맡아 했습니다. 평신도에게 예배는 그 의미도, 내용도 모르는 '신비스러운 사건'에 불과했습니다.

그때 종교개혁이 일어났고, 그때 개혁자들이 목 놓아 부르짖었던 모토 중의 하나가 "Returning Worship to the People" 즉 "예배를 회중에게 돌려주자" 이었습니다. 이 종교개혁 운동은 불같이 일어나 전 유럽으로 순식간에 번져나 갔습니다. 그때야 비로소 회중은 자신이 이해할 수 있는 자국어 성경을 사용할 수 있었고, 함께 마음 놓고 부를 수 있는 회중 찬송을 부를 수 있게 되었습니다. 오늘 우리에게는 아무런 감동도 되지 않는 '우리 말 성경'과 '우리 말 찬송가' 는 알고 보면 축복 덩어리입니다. 저와 여러분은 21세기에 태어난 것을 참으로 감사해야 하는 것입니다.

그제야 비로소 평신도의 진정한 신분인 '만인제사장직'이 회복되었습니다. 조금 어려운 단어이지요. 이는 모든 그리스도인이 하나님을 일대일로 만나고 예배하며, 하나님과 세상 사이에서 중보적 사명을 가진 제사장 직이 있음을 말합니다. 그래서 베드로는 성도에게 '거룩한 제사장'이 되라고 권면했습니다.

MEMO

"여러분도 살아 있는 돌과 같이 되었으니, 신령한 집을 짓는 데에 쓰이도록 하십시오. 그래서 예수 그리스도로 말미암아, 하나님께서 기쁘게 받으실 신령한 제사를 드리는 거룩한 제사장이 되십시오."(벧전 2:5)

그러나 개혁자의 이 아름다운 정신은 불과 몇 세기도 되지 않아 희석되었습니다. 예배는 단순히 말씀 듣는 일이 되었고, 성도의 반응은 축소되었습니다. 예배에는 구경꾼들이 넘쳐납니다. 결국 예배 가운데 평신도와 목회자를 가르는 보이지 않는 계급이 다시 생겼고 종교개혁 이전으로 회기하는 안타까운 모습도 보입니다.

이 과정은 격하되었던 평신도의 지위를 왕 같은 제사장직으로 격상시킨 종교개혁의 혁명적 기치를 21세기 목회현장에 적용하기 위한 예배훈련 과정입니다.

MEMO

Q. 예배묵상 : 나는 예배드릴 자격이 있는 존재인가? 없다면, 지금 이 순간 예수 그리스도를 나의 주, 나의 하나님으로 믿고 입술로 고백하라.

"가로되 주 예수를 믿으라 그리하면 너와 네 집이 구원을 얻으리라." (행 16:31) "너희가 그 은혜를 인하여 믿음으로 말미암아 구원을 얻었나니 이것이 너희에게서 난 것이 아니요 하나님의 선물이라." (엡 2:8)

있다면, 그 특권을 마음껏 누리라. 왕 같은 제사장의 신분을 잊지 말라.

MEMO

2nd week

예배의 7가지 법칙

I. 도입

"많은 그리스도인들이 공적 예배에 대해 경박하고 의무감 없이 배교에 가까운 태도를 보이고 있다. 등록한 교인들의 수에 비하면 비참할 정도로 적은 숫자만이 예배에 참석하고 있다."[8] – 김남준

"예배는 선택의 문제가 아니라 생사의 문제다. 열렬히 드릴 감격이 있고, 목숨 걸 가치가 있다. 하지만 도무지 그 사실을 깨닫지 못한 채 껍데기와 쇼에 빠질 수도 있다. 예배에는 단연코 성공과 실패가 있다. 모든 성도는 인생을 걸고 예배에 성공해야 하는데 이는 취향의 문제가 아니라 성도의 죽고 사는 문제다." – 이유정

---

8) 김남준, 예배의 감격에 빠져라 (규장, 1999), p. 34.

MEMO

II. 주중 과제

월요일부터 금요일까지 하루에 15분 씩 시간을 내어 각 과의 주제와 관련된 예배칼럼을 묵상하고 간단하게 느낀 점을 칼럼의 제일 밑에 있는 묵상 적용 난에 매일 기록하십시오.

1일(월) 하나님의 의도

오늘의 묵상구절

거기서 내가 너와 만나고 속죄소 위 곧 증거궤 위에 있는 두 그룹 사이에서 내가 이스라엘 자손을 위하여 네게 명령할 모든 일을 네게 이르리라" _ 출 25:22

우리가 예배훈련을 받기 위해 가장 먼저 귀 기울여야 할 대상은 탁월한 신학자나 유명한 목회자가 아니라 바로 성경입니다. 예배는 하나님께서 제정하신 제도입니다. 예배를 우리에게 주신 하나님의 의도를 성경 속에서 찾아야 합니다. 오늘 묵상구절이 있는 출애굽기 25장의 전후 문맥을 살펴보면 그 의도가 분명하게 나타납니다. 세 가지 질의응답으로 그 의도를 살펴봅시다.

첫째 질문, "왜 이스라엘 백성은 시내광야에서 11개월이나 머물렀을까요?

MEMO

이스라엘 백성이 애굽을 탈출한 이후, 가나안 땅을 향한 여정 가운데 특이한 내용이 나옵니다. 출애굽 직후 시내 광야에서 약 11개월(출 19장-민 10:10)을 머뭅니다. 젖과 꿀이 흐르는 가나안 땅을 향해 매일 움직여도 시간이 모자랐을 텐데 1년이나 허송세월했으니 백성은 얼마나 답답했을까요? 하지만 하나님의 관점은 달랐습니다. 가나안 땅에 들어가는 것보다 훨씬 중요한 것은 이스라엘의 체질을 예배자로 바꾸는 것이었습니다. 그것이 출애굽에 대한 하나님의 의도였습니다.

"내 백성을 보내라 그들이 나를 섬길 것이니라"_ 출 8:1 하반절

이스라엘 백성은 오랜세월 애굽의 종으로 괴롭힘을 받았습니다.(창 15:13, 행 7:6) 그 결과 본의 아니게 노예 근성이 몸에 배었습니다. 이들이 가나안 땅에 들어가기 위해서는 하나님 나라 시민으로서의 정체성을 회복해야 했습니다. 그래서 하나님은 율법과 제사제도를 주시고 시내광야에서 1년 가까이 백성들을 훈련하신 것입니다.

하나님 나라의 부요함에 참여하기 원한다면 반드시 해결해야 할 선결과제가 있습니다. 그것은 세상의 가치에 지배 받는 죄된 노예 근성을 벗어버리는 것입니다. 예수의 십자가 은혜를 잊고 죄의 노예로 살거나, 불평과 원망을 입에 달고 산다면 하나님께서 예비하신 가나안의 부요를 결코 누릴 수 없습니다. 이스라엘에게 40년이 필요했던 것처럼, 죄의 근성에 빠져있는 우리가 하나님이 찾으시는 예배자(요 4:23)로 빚어지기까지 긴 시간이 걸릴 수도 있습니다. 하지만

MEMO

이스라엘에게 제사제도를 주시고 결국 가나안 땅으로 인도하신 것처럼, 예배훈련을 통해 하나님께서는 우리를 반드시 영적 가나안으로 인도하실 것입니다.

Q. 예배묵상 : 지금 나에게 죄많은 세상에 지배받는 노예근성이 있는가?
가나안의 축복, 하나님 나라의 부요함을 누리지 못하게 하는 죄된 근성이 있다면 향후 40일 동안 성령께서 이를 다루시도록 하나님 앞에 내려놓겠다는 다짐을 하라.

둘째 질문, "하나님께 예배는 얼마나 중요한 의미인가요?"

출애굽기 19장에서 26장은 하나님께서 이스라엘에게 처음으로 제사제도를 주신 내용이 상세히 나옵니다. 어느날 하나님께서 시내산에 임재하셨고, 모세를 부르셔서 40일이라는 시간을 보내셨습니다. 천지창조 이후 하나님께서 친히 이 땅에 내려오셔서 이처럼 긴 시간을 백성들과 함께 보내신 적이 없습니다.

하나님께서 세상을 다스리실 때 인간을 통해서 하시는 일이 있고, 하나님께서 직접 하시는 일이 있습니다. 이 성막제도는 하나님께서 친히 설계하셨습니다.(출 25:8-9) 천지 창조는 단 7일만에 완성하신데 반해, 성막 설계는 무려 40

MEMO

일 동안 직접 꼼꼼하게 챙기셨습니다. 그 모양과 색상, 크기와 재질 하나에 이르기까지 하나님께서 설계하시고, 그 모양대로 100퍼센트 똑같이 지으라고 명하셨습니다.

이 과정을 찬찬히 묵상해보십시오. 여러분은 하나님께서 얼마나 신중하고, 얼마나 진지하고, 얼마나 많은 시간을 투자하셨는지 깨닫게 될 것이며, 그분의 그 압도적인 열정과 관심 때문에 숨이 막힐 것입니다. 우주 창조를 다루는데 성경은 단 1장이 할애된 것에 비해 성막제작은 무려 8장이나 할애되었습니다. 성막제도를 설명하는데는 출애굽기와 레위기에만 40장이나 할애하셨습니다. 예배에 대한 하나님의 엄청난 관심이 느껴지십니까?

	천지창조	성막제도 제정
성경 기록	1장	설치 8장, 설명 40장
걸린 기간	7일	40일

하나님께 성막 제사제도가 이토록 중요한 이유는 무엇이었을까요? 천상예배의 모형인 성막에는 죄와 타락으로 자신과 멀어진 인류를 구속하시려는 청사진이 그대로 녹아있기 때문입니다. 이는 죄 때문에 도저히 건널 수 없는, 하나님과 인간 사이의 이 거대한 간격을 메꾸시기 위한 하나님의 대안입니다. 이 제도를 설계하시던 40일 내내 하나님의 마음과 생각은 인간의 죄 문제를 완벽하게

MEMO

해결하기 위한 대안에 몰두하셨을 것입니다. 결국 독생자 예수를 십자가에 못 박게 하는 최후의 방책을 눈물을 머금고 택하시고 성막 설계도의 모든 부분이 이를 암시하도록 설계하셨습니다.

연구가 디한 박사는 성막보다 더 완전하고 풍부하게 구속의 계획을 가르치는 것은 없다고 했습니다. 성막의 모든 부분이 예수의 인격과 특성과 사역을 나타내고 있다[9]는 것입니다. 그래서 이 '성막'은 기독교 역사상 가장 복잡하고, 가장 상세하고, 수 천년 역사와 시간을 초월해서 하나님의 인류구원 계획의 핵심을 꿰뚫는 가장 완벽한 제도입니다.

성막을 연구할수록 하나님께서 제정하신 예배는 너무나 철저하고, 입체적이고 통전적이며, 신구약을 꿰뚫는 구속사적 복선이 깔려 있고, 예언적이며 종말론적인 의미가 담겨 있음을 보게 됩니다. 그에 비해 우리가 이해하고 드리는 예배는 지엽적이며 가볍고, 표피적이며 실용적이고, 단세포적이며 근시안적일 때가 많습니다.

---

9) 마틴 R. 디한, 성막 (생명의말씀사, 2013), p.19

MEMO

셋째 질문, "왜 하나님은 제사제도에 이토록 엄청난 시간과 관심, 열정을 쏟아 부으셨을까요?"

하나님께서 성막제도를 우리에게 주신 보다 근본적인 의도를 알아봅시다. 그 해답이 출 25장에 나옵니다. "내가 그들 중에 거할 성소를 그들이 나를 위하여 짓되..."(8절) 성경은 그 이유를 하나님께서 우리와 함께 거하시기 위함이라고 말씀합니다. 22절에 보다 근본적인 의도가 등장합니다.

"거기서 내가 너와 만나고 속죄소 위 곧 증거궤 위에 있는 두 그룹 사이에서 내가 이스라엘 자손을 위하여 네게 명령할 모든 일을 네게 이르리라"

'거기' 는 지성소입니다. 지성소는 예배의 가장 깊은 곳이요 내밀한 곳이요,

MEMO

하나님의 임재가 있는 곳입니다. 그곳에서 하나님은 "내가 너와 만나고" 즉 저와 여러분을 만나겠다고 하셨습니다. 이것이 예배에 대한 하나님의 가장 핵심적인 의도입니다. 하나님께서 우리를 만나고 싶어하시는 열심과 의중이 보이십니까? 우주 만물을 주관하시는 절대자 하나님께서 미물인 우리와 만나시기 위해 이땅에 다가오셨습니다.

이 만남에는 두 가지 방향성이 있습니다. 하나는 하나님께서 성도에게 향하신 '계시'(revelation)의 요소이고, 다른 하나는 성도가 하나님을 향한 '반응'(response)의 요소입니다. 25절에서 "네게 명령할 모든 일을 네게 이르리라" 하신 것은 바로 이 계시의 영역입니다. 성도의 반응은 하나님의 계시에 대한 자발적인 응답입니다. 그래서 예배의 정의는 '하나님의 계시에 대한 성도의 반응'입니다. 예배는 하나님께서 우리에게 주시는 일방적인(one way communication) 정보전달이 아니라는 말입니다. 하나님과 그의 백성인 성도가 서로 주고 받는 만남, 즉 쌍방소통(two way communcation)입니다.

이 만남이 예배의 본질입니다. 예배가 예배되기 위해서 없어서는 안 되는 것, 다른 것은 다 없어도 이것이 없으면 예배가 안 되는 것, 이것이 바로 '하나님과의 만남'입니다. 모든 만남은 영향을 줍니다. 극동방송 로비에 이런 문구가 있습니다. "사람이 사람을 만나면 역사가 일어나고 사람이 하나님을 만나면 기적이 일어난다." 예배 가운데 하나님을 만나면 기적 같은 일이 일어납니다. 하늘 문이 열리고, 귀가 열리고, 눈이 열리고, 입술이 열립니다. 영적인 변혁이 일어나고, 육신의 치유가 일어나고, 정서의 회복이 일어나고, 지성의 회개가 일어나며 삶의 변혁이 일어납니다.

MEMO

Q. 예배묵상 : 과연 나는 성경이 말하고 있는 예배의 본질, 우리를 만나고 싶어하시는 하나님의 의도를 알고 예배하는가? 주일 예배를 마친 후, 하나님을 만난 흔적이 내 마음과 삶에 얼마나 남아 있는가? 그 사랑에 감격하여 그분의 말씀을 지키려고 얼마나 노력하는가?

2일(화) 안식, 완전한 쉼

오늘의 묵상구절

"6일 동안은 일하는 날이며 7일째 되는 날은 쉬어야 할 거룩한 안식일이다. 그러므로 너희는 아무 일도 하지 말고 모여서 나 여호와에게 예배드려야 한다. 이 날은 너희가 어느 곳에 있든지 모여서 거룩한 날로 지켜야 할 나 여호와의 안식일이다." _ 레 23:3 현대인의 성경

사람의 가치를 일과 기능, 능력과 성과로 평가하는 현대사회에서 '안식'에 대한 관심이 점차 높아지고 있습니다. 구약의 '안식일'은 신약의 주일과 연결되는

MEMO

매우 중요한 개념입니다. 레위기 23장 3절에 나오는 '완전히 쉬는 안식일'은 'a sabbath of complete rest'(NASB)와 'a day of total and complete rest' (MSG)라는 표현 그대로 '총체적이고 완전한 쉼'의 날입니다. 그래서 하나님은 "아무 일도 하지 마라" 명령하셨습니다. 이 창조 질서는 인류 역사의 질서입니다. 인간은 하나님의 형상대로 지음 받았기 때문에 일주일에 하루를 쉬는 하나님의 질서가 체질에 맞습니다.

히브리 안식의 의미를 제대로 이해하지 않고, 주일을 언급하는 것은 모순이고, 위험합니다. 안식에 대한 가장 탁월한 유태인 신학자인 아브라함 조슈아 헤셸의 저서 〈안식〉은 그런 면에서 기독교인에게 깊은 통찰력을 제공합니다. 현대 문명은 인간의 존재를 기능적 가치로 평가하는데 혈안입니다. 서구인에게 일주일에 하루를 완전히 쉬는 구약의 안식일은 쇼핑, 레저, 일, 사회활동을 방해하는 해괴망측한 제도처럼 보입니다.

그러나 헤셸은 쉼으로 회복되는 존재의 질, 영혼의 풍요에 대한 예언자적 시각을 던져 주었습니다. 그는 우리가 한 주 엿새 동안 땅에서 이윤을 짜내며 이 세계와 씨름하지만, 안식일에는 영혼 속에 심겨진 영원의 씨앗을 각별히 보살펴야 한다는 것입니다. 그래서 그에게 안식일은 '문명을 뛰어 넘는 기술'(the art of surpassing civilization)이요, 사물에 예속되지 않기 위해 싸워서라도 지켜야 할 '시간의 건축술'입니다. 그는 시간을 성화하기 위해 공간을 정복해야 한다고 말합니다. 하나님과 닮은 길을 발견하는 길은 공간이 아닌 시간 속에서 이루어지는데, 그 이유는 하나님은 공간의 사물 속에 계신 것이 아니라 시간의 찰나 속에 계시기 때문입니다.

MEMO

우리는 안식해야 할 시간에도 여전히 눈에 보이는 사물에 집중하고, 내 공간을 획득하고, 내 방식을 주장하고, 영토를 빼앗으려는 열정으로 살아갑니다. 하지만 시간의 영역에서는 소유가 아니라 존재가, 움켜쥠이 아니라 내줌이, 지배가 아니라 분배가, 정복이 아니라 조화가 목표입니다. 공간을 지배하고 공간의 사물을 획득하는 것이 우리의 유일한 관심사가 될 때, 삶은 망가지고 맙니다.[10]

결국 헤셸이 말하는 안식일은 인간의 영혼에 개방된 하나님의 현존입니다. 일주일 가운데 하루 24시간은 이 땅에서 경험하는 에덴동산인 것입니다. 히브리적 사고는 통합적 인식입니다. 즉 안식일에 대한 구약성경의 교훈, 더 나아가 하나님의 의도는 단순히 율법주의, 또는 법준수 수준에 머무는 것이 아닙니다. 그보다 훨씬 본질적이며, 포괄적입니다. 그에 비하면 주일에 대한 우리의 단편적, 실용적 이해가 얼마나 천박한지 부끄러울 지경입니다.

오늘 날 우리 자신은 물론 자녀들에게도 토요일 저녁부터 주일 저녁까지 유태인의 안식일(금요일 저녁 해질 때부터 토요일 저녁 해 질 때까지)과 똑같이 살라고 하면 답답해서 도저히 살 수 없을 것입니다. 너무나도 비효율적인 시간 사용 때문에 당장 시험공부 할 시간이 줄어들고, 그래서 성적표 점수가 떨어질 것이며, 여가를 누릴 시간이 부족해서 스트레스 받을 것이고, SNS와 인터넷, 게임 등 문명의 이기로부터 단절되기 위해 고통스러운 내면의 투쟁을 극복해야 할 것입니다.

그러나 오히려 매주 24시간 할 일이 없는 그 상태, 세상의 모든 복잡한 환경,

---

10) 아브라함 헤셸 저, 김순현 역, 안식 (복 있는 사람, 2007), p. 42

MEMO

산만케 하는 대중문화로부터 완벽하게 차단된 쉼의 상태 때문에 오히려 집중력과 창의력이 생기고, 책과 가까워지며, 가족과 대화, 소통하고, 영혼과 가까워질 수 있다는 사실을 우리는 잊고 있습니다. 우리가 현재 사는 방식이 진정 바른 길인지 돌아볼 필요가 있습니다. 하나님의 시간 법칙과 인간의 시간법칙은 다르기 때문입니다.

> "사랑하는 자들아 주께는 하루가 천년 같고 천년이 하루 같은 이 한 가지를 잊지 말라."_베드로후서 3:8

한국교회에 주일성수의 아름다운 유산이 사라져가고 있습니다. '율법적인 준수'에 집중하느라 '영적인 의미'까지 망각하는 듯 합니다. 최근 중고등부가 사라지는 교회가 늘고 있습니다. 교회의 중직자들조차 자녀들이 주일에 교회에서 노는 것을 못마땅해 합니다. 시험때는 아예 1부 예배 빨리 드리고 학원가서 공부하라고 종용합니다. 이는 자녀들에게 하나님보다 자기 스팩이 훨씬 중요함을 무언 중에 주입시키는 배교적 행위나 다름 없습니다. 저들이 20년 후 교회 지도자가 되었을 때 한국교회 미래가 어떨지 불보듯 뻔합니다.

주일성수의 재해석이 시급합니다. 우리가 어떤 사람이 될 것인지는 주일이 우리에게 어떤 날이 되느냐에 달려있습니다. 안식의 재발견은 무너진 한국교회 예배와 성도의 삶에 새로운 좌표를 제시할 것입니다.

MEMO

Q. 예배묵상 1 : 나에게 주일은 어떤 날인가? 하나님께서 명령하신 대로 완전한 쉼의 날로 보내는가? 아니면 일, 사업, 심지어는 사역이란 미명아래 또 다른 정복과 획득, 지배를 위해 싸워야 하는 날인가?

Q. 예배묵상 2 : 레위기 23장 3절의 '완전히 쉬는 안식일'을 실천하기 위해, 아브라함 헤셸은 싸워서라도 지켜야 할 '시간의 건축술'이라 표현했다. 주일을 온전히 안식하기 위해서, 내가 싸워서라도 결단해야 할 것이 있다면 적어보라.

3일(수) 반복의 잠재력

오늘의 묵상구절

"예수께서 나가사 습관을 좇아 감람 산에 가시매 제자들도 좇았더니" _ 눅 22:39

MEMO

하나님의 창조질서인 안식일 준수가 단지 허망한 이론이 아님을, 유태인의 삶을 통해 발견할 수 있습니다. 아인슈타인, 조지소로스, 앨런 그린스펀, 스티븐 스필버그, 우디 앨런, 헨리 키신저, 램 임마누엘 등 이름만 들어도 알 수 있는 정치, 경제, 문화예술, 학계의 거장들이 바로 미국 유태인입니다. 실제로 유태인은 전 세계 인구의 0.2%에 지나지 않지만 176명의 노벨상을 수상했습니다. 노벨평화상 수상 단체의 25%가 유태인 설립자이거나 공동 설립자입니다. 아이비리그의 23%, 세계 억만장자의 30%가 유태인입니다. 일반적으로 그 원인을 어려서부터 가르치는 토라와 탈무드 교육으로 보기도 합니다. 그러나 그 이유가 그리 단순하지 만은 않습니다.

KBS 스페셜의 다큐멘터리 "0.2%의 기적, 유태인 성공의 미스터리"는 유태인의 탁월성의 원인을 풀어가면서 이들 문화에 숨어있는 반복 교육의 잠재력을 중요하게 다루었습니다. "Breaking the Jewish Code"의 저자 페리 스톤은 왜 유태인이 우수한 민족이 되었는지에 대한 해답을 12가지 코드로 설명했는데, 그 핵심 원리가 '반복' 입니다.

유태인의 삶에서 찾을 수 있는 반복의 핵심이 바로 자녀교육입니다. 이들은 한국 부모들과는 달리 아이들 교육의 책임을 학교보다 부모에게 묻습니다. 그런데 부모의 역할이 바로 반복적인 가르침입니다. 매주 금요일 저녁부터 시작되는 안식일은 종교의식 외에는 가족과 함께 집에서 모든 일을 멈추고 쉼과 대화, 독서, 촛불의식, 축복, 음식 등을 나눕니다. 이를 통해 자녀들에게 구약성경을 중심으로 한 수천 년의 정신적, 영적 유산이 대물림 됩니다. 이렇게 매주 반

MEMO

복되는 가정교육과 질서가 유태인을 다른 민족과 다른 탁월한 민족성을 만드는 힘입니다.

반복이 기적을 낳는다

변화는 작은데서 시작됩니다. 작은 물방울이 계속해서 떨어지면 바위를 뚫습니다. 큰 바다도 작은 물방울이 모여 된 것입니다. 작은 믿음의 결단이 커다란 삶의 변화를 가져옵니다. 아무리 작은 시도라도 집중하고, 반복될 때 큰 변화의 열매를 맺습니다.

사도바울은 예수 그리스도를 평생의 푯대로 삼으라 했습니다. 이 푯대를 좀 더 시각화, 구체화할 필요가 있습니다. 즉 일주일 가운데 주일에 예수님을 더 깊이 만나고, 그분을 닮아가는 목표로 사는 것입니다.

2007년도에 서울여대 장경철 교수가 제가 섬기던 교회의 부흥회 강사로 다녀갔습니다. 그 때 한 가지 뇌리에 남는 말이 있었습니다. "반복이 기적을 낳는다." 그런데 나쁜 반복은 나쁜 기적을 낳고, 좋은 반복은 좋은 기적을 낳는다는 것입니다. 단순한 말이지만 힘 있는 경구입니다. 예레미야 22장에 나오는 유다 왕 요시야의 아들 여호야김은 나쁜 반복의 모델입니다. 그에 대한 하나님의 평가를 주목해봅시다.

> "네가 평안할 때에 내가 네게 말하였으나 네 말이 '나는 듣지 아니하리라' 하였나니 네가 어려서부터 내 목소리를 청종치 아니함이 네 습관이라." _ 렘 22:21

MEMO

여호야김은 습관적으로 하나님의 음성에 귀 기울이지 않았습니다. 결국 그의 인생은 비참한 결말로 끝났습니다. 나쁜 반복이 나쁜 기적을 낳았습니다. 이것이 나쁜 반복의 파급 효과입니다.

그러나 좋은 반복은 좋은 기적을 낳습니다. 제가 예배디렉터로 섬기던 교회 2부 성가대가 매주일 아침 연습 시작하기 전에 15분씩 QT 나눔을 시작했습니다. 1명씩 돌아가면서 한 주간 동안 자신이 경험한 하나님, 깨달은 말씀을 발표했습니다. 처음엔 시큰둥하던 대원들도 차츰 나눔이 구체화 되면서 그 시간을 기대하게 되었습니다. 오랫동안 함께 봉사하며 서로 영적 교제가 없었는데 점차 그 벽이 허물어졌습니다.

불과 6개월도 안 되어서 성가대 분위기가 바뀌었습니다. 영적인 하나 됨이 느껴졌습니다. 영적 분위기가 바뀌니까 예배 때 찬양이 바뀌었습니다. 찬양이 은혜로워지니 예배가 살아났습니다. 예배가 달라졌다는 소문이 나면서 2부와 3부 예배 출석수가 역전되었습니다. 단 15분의 반복이 회중예배를 바꾸었습니다. 15분짜리 QT 나눔이 이런 '변화'를 가져온다면, 1시간짜리 매주 반복되는 예배는 "인생의 기적을 낳는 보물"입니다. 기적은 오늘도 일어납니다.

MEMO

Q. 예배묵상 1 : 그동안 나는 반복의 잠재력을 얼마나 가치 있게 여기고 살아 왔는가?

Q. 예배묵상 2 : 내 삶의 모습에서 발견되는 나쁜 반복과 좋은 반복을 적어보라. 더 나은 예배를 위해 적용할 좋은 반복이 있다면 무엇이겠는가?

4일(목) 주일을 삶의 정점으로 삼으라

오늘의 묵상구절

"형제들아 나는 아직 내가 잡은 줄로 여기지 아니하고 오직 한 일 즉 뒤에 있는 것은 잊어버리고 앞에 있는 것을 잡으려고, 푯대를 향하여 그리스도 예수 안에서 하나님이 위에서 부르신 부름의 상을 위하여 좇아가노라"_

MEMO

빌 3:13-14

안식일이 창조주 하나님을 기념하는 날이라면, 주일은 구속주 예수님을 기념하는 날입니다. 예수님이 빠진 창조질서만 제대로 지켜도 놀라운 결과가 일어나는데, 하물며 십자가와 부활로 창조의 의도를 완성하신 예수님을 기리는 주일을 제대로 지킬 때 어떤 은혜가 임할지 상상해보십시오.

그리스도인에게 주일은 일주일이라는 시간의 정점입니다. 초대교회 교인들에게 주일이 어떤 의미를 지녔는지 김정 교수의 《초대교회 예배사》는 중요한 단초를 제공합니다. 초대교회 성도들은 다시 오시겠다는 주님의 약속을 믿고 마라나타 즉 '주 예수여 어서 오시옵소서'를 외쳤습니다. 오실 기약이 없으니 시간을 하루, 한주, 한해의 단위로 새롭게 조직해서 주님을 기억하고자 했답니다. 이들의 가장 큰 관심은 주님의 부활이 일어난 날, 즉 안식 후 첫날이었고, 이날에 대한 특별한 관심과 중요성으로 인해 다양한 이름들로 이날을 명명했다는 것입니다.[11]

그만큼 교회가 탄생한 초기 기독교 당시 '주일'은 평일과 비교할 수 없을 만큼 중요한 날이었습니다.

공예배는 주일의 클라이맥스입니다. 김정 교수도 초대교회가 가장 확연하게 시간을 조직화한 것이 주일을 중심으로 한 주 단위로 이뤄진 시간 구조, 즉 주

---

11) 김정 교수는 〈초대교회 예배사〉(CLC, 2014) 1장에서 초대교회 성도들이 주일을 첫째날(the first day), 주님의 날(the Lord's day) 또는 주일, 일요일(Sunday), 부활의 날(The day of Resurrection), 제 8요일(the eighth day)로 지칭했다고 기술했다.

MEMO

일 예배였다고 했습니다.[12]

구약 이스라엘은 성막을 중심으로 12지파의 위치가 존재했습니다. 예배가 한 나라의 중심이었고, 백성의 삶의 중심이었습니다. 예배 가운데 임재하신 하나님께서 말씀하실 때 한 나라가 움직였습니다. 이스라엘 국가는 예배 공동체였습니다. 영적 이스라엘인 교회도 주일예배를 중심으로 모이는 예배공동체입니다.

물론 신약시대는 예배의 개념이 확장되었습니다. 제사와 성막, 성전의 제한적 장소 개념을 초월해서 영과 진리의 예배, 삶으로 드리는 예배, 주일 예배와 나머지 6일의 예배 모두가 중요해졌습니다. 삶이 예배요, 예배가 곧 삶입니다. 그러나 여전히 기독교는 일주일에 하루를 따로 떼어 예수 그리스도를 머리로 한 몸 된 교회로 모여 드리는 공예배corporate worship를 중요하게 여깁니다. 삶으로 드리는 개인 예배, 쎌(목장,구역)에서 드리는 소그룹 예배와 주일 공예배는 확연한 구분과 차이가 있습니다. 예수님은 몸된 지역교회 공동체 예배를 통해 하늘의 부요를 채우십니다. 공예배의 현장에는 영적 집중도, 하나님의 임재, 성령의 감화 감동, 말씀의 선포, 회중찬양의 능력, 교우들과의 친밀한 교제 등 모든 면에서 혼자 있을 때 경험할 수 없는 강력한 예배 효과가 있습니다.

안식일에서 주일로 바뀌긴 했지만 여전히 일주일의 하루를 쉬고 주기적으로 모여 하나님께 예배드리는 독특한 창조질서는 천국가기 전까지 계속될 것입니다.

---

12) 같은 책, p.22.

MEMO

Q. 예배묵상 : 현재 주일 공예배는 나에게 어떤 존재인가? 내 삶의 중심인가? 변두리인가?

　이 공예배는 1주일 단위로 반복됩니다. 여기에서 우리는 주일 예배를 중심으로 1주일을 하나의 예배 사이클로 모델화 할 필요가 있습니다. 이 반복되는 구조를 지혜롭게 활용해야 합니다. 주일 공예배는 일주일의 초점이자 목표입니다. 그래서 월요일부터 주일을 향해서 사는 것입니다. 주일이 있기에 월요일이 존재하는 것입니다. 수제너 헤셀이 《안식》에서 언급한 것처럼, 우리가 한 주의 나머지 엿새 동안 어떻게 행동하느냐가 안식일 경험의 깊이를 결정하는 것입니다. 한 주의 나머지 엿새는 주일로 나아가는 순례 여행입니다. 결국 탐 크라우터가 말한 것처럼 주일예배는 "일주일 동안 매일 드린 예배의 최고 정점"[13]입니다.

---

13) 탐 크라우터, 처음처럼 예배하라 (서울: 예수전도단, 2006), p. 84, 85.

MEMO

그런데 많은 사람들이 거꾸로 삽니다. 주일의 거룩한 안식이 안 보이고 주말에 놀러갈 목표로 삽니다. 미국을 대표하는 극사실주의 화가이자 사진작가인 척 클로스Chuck Close는 말합니다.

"많은 사람들이 금요일을 기다립니다. 기다리는 정도가 아니라 학수고대합니다. 그리고 지겨운 닷새의 삶을 보상이라도 받으려는 듯 주말 동안 안간힘을 씁니다. '나는 재미있게 놀아야 해. 나는 끔찍했던 지난 5일을 어떻게든 보상받아야 해. 그러기 위해서 장난감이 필요해. BMW 컨버터블이 필요해. 요트가 필요해.' 자본주의 체계란 놀라울 정도로 못돼먹은 겁니다. 80% 이상의 사람들이 생계를 위해 하는 일에서 아무런 즐거움을 얻지 못한다고 합니다. 대부분 사람들의 인생이 그렇습니다. 정말 미쳤어요."[14]

이런 지적은 크리스천에게도 피해갈 수 없는 사실입니다. 그들에게 주말은 5일 동안 열심히 일한 것에 대한 보상으로 누려야 하는 여가일 뿐, 하나님을 만나는 것에 대한 기대감이나 예배드림에 대한 설레임은 보이지 않습니다.

그래서 주일은 충전 받고 토요일까지 그 에너지를 소비하며 겨우 견디어 내다가 주일은 단지 다 쓴 휘발유를 재충전하는 주유소에 불과합니다. 주일 예배는 삶의 필요를 채우는 도구에 지나지 않습니다. 거룩한 예배가 한낱 내 개인의 필요나 채우기 위한 천박한 용도로 전락해 버리다니... 이것은 '소극적 예배 사이클 모델'입니다. 그래서 신앙의 영적 성장 곡선은 전반적으로 하향 곡선을 이

---

14) 앤드류 저커먼, "위스덤"wisdom (샘터, 2009), p. 51, 이지훈, 혼창통 - 당신은 이 셋을 가졌는가? (샘 앤 파커스, 2010), p. 46. 재인용.

MEMO

루거나 잘하면 현상유지하기에 급급합니다.

그나마 주일 예배를 통해 은혜의 강에 잠시 발 담갔던 그 물기마저 세상에 나가 며칠 안에 메말라 버립니다. 발바닥은 갈라 터지고 피고름 나는 통증 때문에 절룩거리며 영적 전투는 커녕 생존을 위해 바동거리는 패잔병이 되어 있습니다. 이 상태로 또 다시 주일을 맞이하는 영적 전사자(戰死者)의 모습으로 몇 년을 살아온 분들도 계십니다. 이것은 우리가 주일예배에 대해 무의식중에 갖고 있는 잘못된 패러다임입니다.

그러나 '적극적 예배 사이클 모델' 은 월요일부터 주일을 준비하며 주일을 향해 나아가는 삶입니다. 주일 공예배가 영적 에너지의 클라이맥스입니다. 이 두 모델의 차이는 현격합니다. 적극적인 사이클 모델은 영적 성장의 상향 곡선을 그리게 됩니다.

성도는 매주 예배 때마다 왕이신 하나님으로부터 예수 그리스도의 위대한 통치권을 위임받습니다. 교회는 왕 같은 제사장인 성도를 세상에 파송하는 것입니다. 그럴 때 그리스도인은 위임받은 하나님의 대사로서 이 땅을 사는 것입니다. 예배자의 삶에 동행하신 성령님이 계시기에 가능한 일입니다. 생활 속에서 복음의 영광을 경험한 흔적, 예수 이름의 권세로 죄를 극복한 일, 나에게 해를 끼친 자에게 십자가의 이타적 사랑을 실천한 사건 등등, 작지만 위대한 승리의 기쁨을 지닌 채 다시 아버지 하나님께 나아가는 것입니다. 그래서 주일예배는 사단의 진을 짓밟은 개선장군이 개선가를 부르며 보좌 앞에서 승리를 자축하는 축제의 현장이 되어야 합니다.

이러한 적극적 예배 모델로 일주일을 살 경우 신앙은 한 주 한 주 지날수록

MEMO

성장곡선을 이룰 것입니다. 1년 52주가 지나면 성도의 성숙이 자연스럽게 일어날 것입니다. 이런 신앙의 사이클로 10년을 살았을 때 그의 삶은 놀라울 만큼 성숙해질 것입니다. 그가 속한 가정의 분위기도 바뀔 것이고, 그가 일하는 직장은 물론 사회, 국가에도 영향을 미칠 것입니다.

Q. 예배묵상 : 나의 주일 예배 습관은 소극적인 모델인가 적극적인 모델인가?

주일은 내 인생, 내 가족, 우리 교회의 정점이다. 월요일부터 주일을 향해 사는 삶의 패턴을 회복하기 위해서 이번 주부터 바꿔야 할 행동이나 마음의 습관이 있다면 3가지만 적어 보자.

MEMO

오늘의 묵상구절

"시험에 들지 않게 깨어 있어 기도하라. 마음에는 원이로되 육신이 약하도다." _ 마 26:41

"주일이 영적인 클라이맥스가 되게 하자"는 주장이 그동안 편안하게 주일을 지켜오던 그리스도인들에게는 부담스러운 일이 될 수도 있습니다.

"그렇지 않아도 현대의 삶이 바쁘고 스트레스인데, 주일을 클라이맥스로 놓고 살면 너무 긴장되고 너무 부담스러워요. 그냥 주일은 잘 쉬고, 재충전하는 날로 남겨 두고 싶어요."

모태신앙인으로서 2, 30년 넘은 습관에 젖어 주일이면 교회에 나와서 헌금내고, 기도하고, 찬송 부르고, 설교 듣고 축도 후 교회 부서에서 봉사하는 삶, 그 자체가 좋고, 의미 있다고 여기고 신앙생활 열심히 하고 있는데, 굳이 주일을 영적인 정점으로 만들라니 부담될 수 있습니다. 충분히 이해가 갑니다. 그러나 크리스천의 쉼이란 육체만의 쉼을 의미하지 않습니다. 육체와 정신, 감정, 영 등을 포괄하는 전인적인 쉼입니다.

예배는 살아계신 하나님을 만난다는 긴장감이 있는 것이 사실입니다. 그러나 이 긴장감은 육신적인 근육의 경직, 또는 정신적인 신경성 긴장과는 근본적으로 다릅니다. 즉 영적인 긴장감입니다. 이 영적 긴장감을 성경은 '깨어있으라'는 어법으로 표현합니다.

MEMO

"기도를 항상 힘쓰고 기도에 감사함으로 깨어 있으라." _ 골 4:2, "그러므로 우리는 다른 이들과 같이 자지 말고 오직 깨어 근신할지라." _ 살전 5:6

비기독교적 가치들이 융단폭격처럼 쏟아지는 포스트모던 시대를 사는 우리 그리스도인들에게 영적 긴장감은 해도 그만, 안 해도 그만인 종교적 관습이나 선택사항이 아닙니다. 왜냐하면 세상은 생각보다 만만치 않은 곳입니다.

"근신하라 깨어라 너희 대적 마귀가 우는 사자 같이 두루 다니며 삼킬 자를 찾나니" _ 벧전 5:8

이 긴장감은 생존의 문제요, 생명의 문제입니다. 이 영적인 긴장감은 우리에게 놀라운 유익을 줍니다. 그것은 영적인 근육을 단련하는 것입니다. 육체의 근육도 단련하지 않으면 힘을 잃고 무능해집니다. 하물며 영적인 근육은 더할 나위 없이 단련해야 합니다.

"여호와여 나를 살피시고 시험하사 내 뜻과 내 마음을 단련하소서." _ 시 26:2

영적 근육은 반복되는 영적 습관에 의해 형성됩니다. 제가 대학시절 훈련받았던 IVF라는 학생선교단체에서는 전도해서 처음 예수님을 영접한 이들에게 꼭 강조하는 이야기가 있습니다. 그것은 좋은 교회에 정기적으로 참석하고, 성

MEMO

숙한 그리스도인과 자주 만나거나 좋은 소그룹 모임에 참여하라는 것입니다. 이는 바로 어린 아이와 같이 허약한 영적인 근육을 키우기 위해서입니다.

잘 다니던 교회를 몇 주, 또는 몇 달 빠지고 나면 영적으로 다운되거나 침체됩니다. 그 회복도 오래 걸립니다. 영적인 근육이 허약해졌기 때문입니다. 그럴 때는 아주 작은 시험에도 쉽게 넘어집니다.

영의 양식인 말씀을 늘 가까이 하지 않는 것, QT를 소홀히 하는 것, 영의 호흡인 기도생활을 게을리 하는 것도 우리의 영적 근육을 허약하게 만듭니다. 가장 중요한 영적 교제인 예배를 소홀히 하는 것은 영적 샘의 근원을 막는 것입니다.

우리는 매일 깨어있어야 합니다. 이 긴장감은 때때로 짐처럼 여겨질 때가 있습니다. 그러나 짐은 짐이되 가벼운 짐입니다. 바로 예수님께서 함께 하시기 때문입니다.

> "나는 마음이 온유하고 겸손하니 나의 멍에를 메고 내게 배우라 그러면 너희 마음이 쉼을 얻으리니 이는 내 멍에는 쉽고 내 짐은 가벼움이라 하시니라" _ 마 11:29, 30

예수 앞에 나아갈 때 우리의 삶을 온전한 쉼으로 인도해줍니다. 이것이 예배자의 특권입니다.

우리의 쉼의 근원이요 성숙의 원자력 발전소인 이 놀라운 예배 사이클의 능력을 더 이상 쓰레기통에 처박아놓고 살지 맙시다. 이 기독교 역사의 유산, 아니 천국 문을 여는 열쇠를 움켜잡읍시다. 천국은 침노하는 자(마 11:12)의 것입

MEMO

니다.

성도들이 이 원리대로 예배를 드린다면 일주일에 단 한 번의 예배를 통해서도 놀라운 회복과 부흥, 치유가 가능합니다. 이 원리 하나하나를 성령 안에서 마음의 습관으로 만들 때 여러분의 인생에 변화가 시작될 것이다. 여러분은 더 이상 수동적인 예배를 드리지 않을 것입니다.

Ⅲ. 적용

> **Q.** 예배묵상 : 앞으로 40일 동안 하나님은 저와 여러분에게 천국을 침노할 기회를 허락하셨습니다. 우리가 거룩한 예배습관을 회복할 때 변화가 일어날 것입니다. 영적성장이 시작될 것입니다. 첫 훈련과정을 통해 어떠한 깨달음이 생겼는지, 어떤 기대감을 갖게 되었는지 나누어봅시다.

MEMO

3rd week
제1법칙 '기대감'

우리가 무엇에 집중하든지
그것이 우리의 미래를 결정한다.
– E. 스텐리 존스

I. 도입

기대감이 있다는 것은 그 일이나 대상이 나에게 가치 있다는 것입니다. 기대
감이 있을 때 없는 시간도 만들어 냅니다. 기대하는 일과 대상에 집중하게 됩니
다. 그런데 하나님을 만나는 예배에 대한 기대감이 없다는 것은 비극입니다. 크
리스천으로 사는 것은, 우중충한 고성에 갇혀 고행으로 자책하는 우울한 삶이
아닙니다. 하나님의 자녀 된 성도의 삶은 만물을 창조하신 아버지의 무한한 풍
성하심으로 충만합니다. 칼빈의 언급처럼 눈을 어디로 돌리든지 이 세계에 하
나님의 영광의 섬광이 빛나지 않는 곳은 하나도 없습니다. 거대하고 아름다우
며 광대한 우주의 구조를 잠시만 바라봐도, 그 광채의 무한한 힘에 완전히 압도
당할 수밖에 없는 것입니다.[15)]

MEMO

"신앙생활을 하다보면 말도 안 되는 목사도 있고, 말도 안 되는 장로들도 있어. 성도이건 목사이건 자기 비즈니스 하는 사람이 너무 많아. 그러나 이런 것에 좌우될 필요는 없어. 금을 캐러 갔으면 금만 캐야지 돌까지 캘 필요는 없잖아. 아무리 설교를 엉망으로 해도 그날 하나님께서 나에게 주시는 금이 있거든." – 어느 성도

"영적 기근에 허덕이는 현대의 참상 중의 하나는 주님께 아무것도 기대하지 않는다는 것이다. 기대가 없다는 것은 죽은 신앙이며 스스로 실천적 무신론자라는 증거이다. 변화를 위해 기도하라. 열렬하게 기도하라. 그리고 굉장한 기대와 부푼 가슴으로 하루하루를 시작하라."16) – 황성주 박사

II. 주중 과제

월요일부터 금요일까지 하루에 15분 씩 시간을 내어 각 과의 주제와 관련된 예배칼럼을 묵상하고 간단하게 느낀 점을 칼럼의 제일 밑에 있는 묵상 적용 난에 매일 기록하십시오.

---

15) 존 칼빈, 기독교강요–상 (생명의 말씀사, 1991), p. 103.
16) 황성주 《디지털 시편 23편》, 꿈의 발전소에서 인용

MEMO

6일(월) 위대한 하나님을 기대하라

오늘의 묵상구절

"여호와를 기대하는 자는 땅을 차지하리로다." _ 시 37:9

우리 민족은 유독 스포츠에 거는 기대감이 큽니다. 피겨의 김연아, 축구의 박지성, 골프의 최경주, 신지애 등에 거는 국민적인 기대감은 거의 종교수준입니다. 지난 2010년 월드컵 아르헨티나 전 때 비록 졌지만 경찰청 집계에 의하면 전국 150만 명, 8강행이 좌절된 우르과이 전 때도 90만이 넘는 인원이 거리 응원에 참여했습니다. 대단한 민족입니다.

2002 한일월드컵 때부터 시작된 이 거리응원을 통해 우리는 전 국민적 기대감이라는 괴력을 경험하고 있습니다. 그 기대감의 실체는 일단 16강에 오르는 것입니다. 나아가 8강, 아니 4강까지 넘보는 것입니다. 세계 축구사에 한국축구의 명성을 떨치는 것입니다. 그 기대감이 민족적인 염원의 원동력이 되었습니다. 그 기대감에 힘입어 선수들과 히딩크 감독이 '4강'이라는 기적을 이루어 냈습니다. 이번 남아공에서는 첫 원정 16강을 이루어냈습니다. 물론 실력도 세계무대에 뒤지지 않을 만큼 강해져 8강까지 기대했고, 기대 이상으로 선전했지만 아깝게 졌습니다.

사람을 기대하는 것은 한계가 있습니다. 기대가 크면 실망도 큽니다. 그러나 하나님은 결코 우리를 실망시키지 않는 분이십니다. 기대하면 기대할수록 더욱 만족하게 됩니다. 왜냐하면 그분은 끊임없이 흘러나오는 생명의 근원이시기 때

MEMO

문입니다.

> **"나를 믿는 자는 성경에 이름과 같이 그 배에서 생수의 강이 흘러나리라 하시니"** _ 요 7:38

1800년대 초 당시 선교사 윌리엄 캐리가 살던 인도는 도덕적, 사회적, 지적, 영적으로 암흑기나 다름없었습니다. 종교의 이름으로 어린 아이들이 희생 제물로 바쳐졌고, 과부를 화장하는 관습도 살아 있었습니다. 여성은 잘못된 종교적 관행과 악습에 의해 비참한 희생물로 살아가야 했습니다. 고행주의, 천민, 신비주의, 미신, 우상숭배, 마법 등 억압적인 신앙 행습은 인도 문화를 몰락시켰습니다.

캐리는 이러한 인도를 바라보면서 하나님께서 자신을 왜 흑암의 땅에 오게 하셨는지 그분의 뜻을 구했습니다. 하나님께서 이 땅을 향해 행하실 위대한 일을 기대했고, 이 일이 실현되도록 위대한 일을 시도했습니다. 결국 캐리의 사역을 통해 인도의 문명은 믿을 수 없을 만큼 개혁되었습니다.

그는 처음으로 영국식 원예 체계를 인도에 소개했으며, 삼림에 대한 첫 번째 논문을 쓴 식물학자였습니다. 자연과 과학 역사책을 인도에 처음 출판했고, 처음으로 증기기관을 소개했습니다. 그는 근대적인 인쇄, 출판과학을 인도에 들여왔고, 출판 산업에 쓰이는 국산용지를 처음으로 만든 인쇄기술의 아버지였습니다. 그는 저축은행의 개념을 도입해서 당시 사회악이었던 고리대금과 싸운 경제 개혁가였습니다. 또한 나환자들을 생매장, 생화장하던 풍습을 고치기 위

MEMO

해 나환자 치료를 위한 캠페인을 이끈 첫 번째 사람이었습니다.

그는 동양 언어로 만들어진 최초의 신문을 만든 언론인이었습니다. 그는 조직적으로 인도의 농업을 연구해서 농업원예협회를 세운 창립자였습니다. 그는 위대한 인도 경전을 영어로 번역해서 출판한 최초의 사람이었고, 벵갈어를 인도 일류의 문학 언어로 변환시켰으며, 이 언어로 가스펠 노래를 지어 힌두 음악으로 하나님께 예배하도록 이끌었습니다.

아시아에서 첫 번째 대학을 발족하기도 했습니다. 그는 여성운동을 일으킨 첫 번째 사회운동가이기도 했습니다. 점성술이 드리운 폐해적인 미신 문화에 대항하여 천문학을 인도에 소개했습니다. 그는 인도에 개가식 도서관의 개념을 처음 시도한 선구자입니다. 또한 '무관심한 제국주의적인 착취' 정서가 강했던 당시 영국령의 행정 관행을 '시민 봉사' civil service정신으로 개혁했습니다.

그는 인도의 개신교 개척선교사였고, 40여개의 인도 언어로 성경을 번역, 출판한 사람이었습니다. 그는 진리의 빛으로 인도인의 삶의 구석진 어두운 곳을 밝히기 위해 가능한 모든 수단을 사용한 서구 현대 선교운동의 아버지였으며 복음전도자였습니다. 그 결과 19세기와 20세기에 걸친 인도 르네상스의 아버지가 되었습니다.[17]

놀랍지 않습니까? 한낱 영국의 구두수선공에 불과했던 청년이 하나님을 만나고 나서 인도처럼 거대한 나라 전체를 뿌리부터 흔들어 놓은 놀라운 사실이! 과연 그는 슈퍼맨이었습니까? 우리와 같은 평범한 사람들은 도저히 따를 수 없

17) 윌리엄 캐리와 성경의 문명개혁 능력, 루스 맹갈와디, 비샬 맹갈와디 저 (예영 커뮤니케이션, 1997) p.17-26

MEMO

는 특출한 천재요, 위대한 성인이었습니까?

결코 그렇지 않습니다. 윌리엄 캐리도 선교사로 영국을 떠나기 전에는 한 가정의 아버지로서 번민의 시절을 보내야 했고, 아내와 함께 한 인도 선교사 시절에도 가정불화는 물론 수없는 갈등과 역경을 경험했던 평범한 인간이었습니다.

그러나 그 어떤 어려움 속에서도 그는 하나님을 바라보았고, 그분께서 이루실 위대한 일을 지속적으로 기대했습니다. 성경이 말하는 하나님 나라의 가치와 복음의 위대한 능력이 한 개인 뿐만 아니라 사회와 문명까지 바꿀 수 있다는 확신을 가졌습니다. 기대만 하지 않고 위대한 일을 시도했습니다. 그 믿음의 발걸음이 한 나라를 변화시킨 위대한 기적을 일으킨 것입니다. 그는 아래와 같은 명언을 남겼습니다.

하나님으로부터 위대한 일을 기대하라! Expecting great things from God
하나님을 위해 위대한 일을 시도하라! Attempting great things for God

이 말 그대로 윌리엄 캐리는 인도 역사상 가장 위대한 기적을 이룩한 사람이 되었습니다. 하나님은 우리 모두에게 놀라운 계획이 있으십니다. 그 계획은 바로 당신의 기대감을 통해 실현됩니다. 기대하지 않을 때 결코 이루어지지 않습니다.

MEMO

Q. 예배묵상 : 오늘 하루를 시작하며 나는 무엇을 기대했는가? 요즘 나의 내면세계에 가장 자주, 가장 많이 떠오르는 기대감은 무엇인가?

윌리엄 캐리와 같이 평범한 한 사람이 위대한 하나님을 기대할 때 하나님께서 인도라는 땅을 주셨다. 여호와를 기대하는 자는 땅을 차지할 것이라 했는데 이번 한 주간 동안 위대한 하나님을 기대해 보자.

7일(화) 하나님을 아는 만큼 기대도 커진다

오늘의 묵상구절

"너희는 내게 부르짖으며 와서 내게 기도하면 내가 너희를 들을 것이요 너희가 전심으로 나를 찾고 찾으면 나를 만나리라." _ 렘 29:12,13

기대감(期待感)이란 어떤 일이 이루어지기를 바라고 기다리는 심정입니다. 우리가 무슨 일을 할 때 기대감이 없다는 것은 그 일이 나에게 별 볼일 없다는

MEMO

의미입니다. 즉 그곳에 시간을 투자하고, 힘을 쏟고, 돈을 투자할 만한 가치가 없는 것입니다. 그러나 기대감이 있다는 것은 그 일이나 대상이 나에게 가치 있다는 것입니다. 기대감이 있을 때 없는 시간도 만들어 냅니다. 기대하는 일과 대상에 집중하게 됩니다.

예배는 하나님을 알아가고 그분을 기대하는 것입니다. 하나님을 아는 만큼 하나님을 예배할 수 있습니다. 하나님을 더 가까이 알고자 뜨겁게 열망하면 열망할수록 우리의 예배는 더욱 친밀해지는 것입니다. 하나님의 깊이를 추구하면 할수록 우리의 예배는 더욱 깊어지는 것입니다. 그분을 깊이 경험하면 경험할수록 하나님을 향한 기대감은 더욱 커지는 것입니다.

영원토록 변함없고, 온 우주만물을 창조하시고, 지금도 다스리시며, 만물의 주관자요, 왕 중의 왕이신 하나님을 만날 것을 기대하는 것입니다. 그 하나님께서 나를 사랑하셔서 독생자 아들의 목숨까지 아끼지 아니하시고 내 죄를 위해 피 흘려 죽기까지 내어주셨습니다.

그 사랑의 무한하심은 하늘보다 높고, 바다보다 깊습니다. 그 풍성하신 존재의 본질, 신적 성품을 알면 알수록 우리는 하나님으로부터 영향을 받습니다. 이런 신적 만남에 대해 어찌 기대감이 없을 수 있겠습니까? 어찌 그 분께 집중하지 않을 수 있겠습니까? 어찌 그 하나님을 좀 더 가까이 만나고 싶지 않겠습니까?

김남준 목사는 하나님과의 만남에 대한 기대감 없이 무의미한 예배 형식만 되풀이하는 것은 하나님께 대한 기만이며 신성모독이라고 했습니다.[18]

---

18) 김남준, 예배의 감격에 빠져라 (규장, 1997), p. 40.

MEMO

그렇습니다. 어쩌면 우리는 매주 하나님을 모독하며 살아갑니다. 이사야는 이 사실을 통렬하게 지적합니다.

> "너희가 나의 앞에 보이러 오지만, 누가 너희에게 그것을 요구하였느냐? 나의 뜰만 밟을 뿐이다! 다시는 헛된 제물을 가져오지 말아라. 다 쓸모없는 것들이다. 분향하는 것도 나에게는 역겹고, 초하루와 안식일과 대회로 모이는 것도 참을 수 없으며, 거룩한 집회를 열어놓고 못된 짓도 함께하는 것을 내가 더 이상 견딜 수 없다." _ 사 1:12-13, 표준새번역

전심은 전심을 만난다

하나님은 우리가 하나님을 사랑할 때 이렇게 집중하라고 명하십니다. 신약의 **"네 마음을 다하고 목숨을 다하고 뜻을 다하고 힘을 다하여 주 너의 하나님을 사랑하라"**(막 12:30)나 구약의 **"너는 마음을 다하고 성품을 다하고 힘을 다하여 네 하나님 여호와를 사랑하라"**(신 6:5)는 의미는 전심으로 사랑하는 것입니다. 간절히 찾고 간절한 마음으로 사랑하라는 것입니다. 그럴 때 하나님을 온전히 만나게 된다는 것입니다.

> "나를 사랑하는 자들이 나의 사랑을 입으며, 나를 간절히 찾는 자가 나를 만날 것이니라." _ 잠 8:17

만남에도 법칙이 있습니다. "전심은 전심을 만납니다." 예수께서 우리에게

MEMO

자신을 주실 때 자신의 일부만 주시지 않으셨습니다. 그냥 조용히 죽으셨어도 됩니다. 그렇게 떠들썩하게 십자가에 못 박혀 수치를 당하고, 쇠갈고리 채찍에 맞고, 침 뱉음을 당하지 않으셔도, 피 한 방울만 흘리셔도 인류의 죄를 사하실 수 있는 분이셨습니다.[19)]

그러나 예수님은 그렇게 하지 않으셨습니다. 전심으로 자신을 주셨습니다. 과도하게 주셨습니다. 그런데 우리가 반쪽짜리 관심을 갖고 '한번 만나볼까?', '한번 들어볼까?' 이런 태도를 갖고 하나님 앞에 나오면 예수를 온전히 만날 수 있겠습니까?

물론 그럼에도 불구하고 나를 사랑하시는 하나님께서 오래 참고 기다리시다가 성전 뜰에서만 왔다 갔다 하는 구도자들도 은혜로 만나주시는 것이 하나님의 조건 없는 사랑의 기적입니다. 그러나 '성전 뜰'의 만남은 예수의 생명을 받을 수는 있지만 그 생명을 온전히 누릴 수는 없습니다. '지성소'의 만남이 필요합니다. '지성소'의 만남은 전심으로 나아갈 때만 가능합니다.

'전심으로'는 "네 마음을 다하고 목숨을 다하고 뜻을 다하고 힘을 다하여 주너의 하나님을 사랑하라."(막 12:30)는 말씀과 일맥상통합니다. 자신의 지성, 감정, 의지의 전인격적인 촉각을 만남의 기대감에 집중하는 것입니다. 놀라운 사실은 인간보다 하나님께서 이 '지성소의 만남'을 더 원하신다는 것입니다. 우리보다 더 애타게 찾고 또 찾으시는 하나님의 마음이 '아가서'에 잘 나타납니다.

---

19) 2009년 11월 15일 한빛지구촌교회 주일설교, "과도하게 드리기"

MEMO

"나의 사랑 나의 어여쁜 자야 일어나서 함께 가자. 바위 틈 낭떠러지 은밀한 속에 있는 나의 비둘기야 나로 네 얼굴을 보게 하라 네 소리를 듣게 하라 네 소리는 부드럽고 네 얼굴은 아름답구나!" _ 아 2:13-15

아가서는 외형상으로는 여인에 대한 황홀한 사랑 고백이지만 그 은유적 의미는 신랑이신 하나님(예수)과 신부이신 교회(성도)를 향한 사랑의 관계를 그립니다. 하나님께서 성도를 얼마나 사랑했으면 "내가 사랑하므로 병이 났"(아 2:5)다고 했습니다. 그리움에 못 잊어 찾고 또 찾는 간절한 모습도 보입니다.

"내가 밤에 침상에서 마음에 사랑하는 자를 찾았구나! 찾아도 발견치 못하였구나!" _ 아 3:1

이것이 바로 하나님의 '전심'입니다. 하나님은 우리에게도 이 '전심'을 요구하십니다. "너희는 내게 부르짖으며 와서 내게 기도하면 내가 너희를 들을 것이요 너희가 전심으로 나를 찾고 찾으면 나를 만나리라." (렘 29:12,13)

'찾고 찾으면'은 포기하지 않고 찾는 것입니다. 기왕 하나님을 사랑하되 뜨뜻미지근하게 하지 말고 마음을 다합시다. 중간에 변심 말고 집중하고 기대합시다. 그럴 때 자신을 과도하게 주신 예수의 본심, 그 마음의 깊은 뜻, 복음의 정수를 깨달아 알게 되고, 예수님과 열애에 빠지고 말 것입니다.

하나님은 한 번만 만나면 됐지 귀찮게 왜 자꾸 찾고 또 찾으라는 것입니까? 인간의 만남은 처음에는 좋다가도 자꾸 만나면 싫증납니다. 때로는 불편해집니

MEMO

다. 그러나 하나님, 예수님과의 사귐은 만나면 만날수록 더 좋아집니다. 더 깊어집니다.

어제까지 풍성한 은혜와 사랑을 체험했다고 해도 오늘 또 새롭게 받을 사랑이 있습니다. 예수님은 영원하시기 때문에 그분은 우리가 이전에 경험한 은혜가 절대로 부족하지 않음에도 불구하고 날마다 새로운 은혜를 또 허락하십니다. 우리가 지금까지 알아온 하나님은 앞으로 알아갈 하나님에 비해 비교도 되지 않을 만큼 부분적입니다.[20]

빌 게이더가 작곡한 '주 내 맘에 오신 후에'의 후렴 가사처럼 하나님은 섬기면 섬길수록, 사랑하면 사랑할수록 더 귀한 분이십니다.

하나님은 기대하는 자에게 보상하십니다. 이런 좋은 하나님을 왜 기대하지 않습니까? 매주 예배에 참석하기 5분 전부터 기대해서는 안 됩니다. 월요일 아침부터 기대하십시오.

사랑하는 사람을 일주일에 하루밖에 못 만나는 경우, 다음 날부터 기다리지 않겠습니까? 선물을 준비하지 않겠습니까? 기다리다 못해 하루도 못 지나서 전화하지 않겠습니까? 왜 하나님을 일주일 동안 기대하지 않습니까?

---

20) 김용의 선교사, LA은혜한인교회 부흥회(2010) 메시지 중

MEMO

Q. 예배묵상 : 예수님은 나를 위해 과도하게 자신을 주셨다. 나에게 전심으로 다가오신 예수님께 나는 얼마나 내 마음을 쏟고 사는가?

만나면 만날수록 더 좋아지고, 더 깊어지는 하나님과의 만남, 예수님과의 만남을 누리고 있는가? 그 좋으신 하나님을 왜 일주일 동안 기대하지 않는가?

8일(수) 굶주림은 강력한 기대감이다

오늘의 묵상구절

"하나님이여 사슴이 시냇물을 찾기에 갈급함 같이 내 영혼이 주를 찾기에 갈급하니이다. 내 영혼이 하나님 곧 생존하시는 하나님을 갈망하나니 내가 어느 때에 나아가서 하나님 앞에 뵈올꼬?" _ 시 42:1-2

MEMO

하나님에 대한 굶주림, 이것이 예배의 가장 강력한 기대감입니다. 굶주림은 배가 고플 때 일어납니다. 영적인 굶주림은 영적인 양식이 부족할 때 일어납니다. 회중예배는 세상에서 채워질 수 없는 영적 양식이 채워지는 가장 강력한 현장입니다. 문제는 예배드리는 회중이 자신이 깨어진 존재인지 모르고 있습니다. 그래서 배고프지 않습니다. 영적인 굶주림이 없습니다. 이는 하나님 앞에서 교만입니다.

"두 사람이 기도하려고 성전에 올라갔는데 하나는 바리새파 사람이었고 또 하나는 세무원이었습니다. 바리새파 사람은 따로 서서 하나님, 나는 다른 사람들처럼 사기꾼도 아니고 정직하지 못하거나 간음하는 사람도 아니며 또 이 세무원과도 같지 않음을 감사합니다. 나는 일주일에 두 번씩 금식하며 모든 수입의 십일조를 바치고 있습니다.' 하고 기도했습니다. 그런데 세무원은 멀리 서서 감히 하늘을 우러러보지도 못하고 가슴을 치며 하나님, 이 죄인을 불쌍히 여겨 주십시오.' 하고 기도하였다. 내가 너희에게 말하지만 이 세무원이 저 바리새파 사람보다 의롭다는 인정을 받고 집으로 돌아갔다. 누구든지 자기를 높이는 사람은 낮아지고 자기를 낮추는 사람은 높아질 것이다." _ 눅 18:10~14

바리새인은 자신이 남보다 뛰어나다고 자만(self-conceit)했습니다. 그래서 하나님께 나왔을 때 특별한 변화가 필요 없다고 생각했습니다. 그런데 그 우월감은 자기보다 못한 다른 사람(세리)과 비교의식 속에서 일어났습니다. 그리고

MEMO

자신이 영적으로 훨씬 낮은 사람이라는 점을 하나님께 감사했습니다.

그러나 세리는 자신을 다른 사람과 비교하지 않았습니다. 그저 거룩하신 하나님을 1:1로 직면했습니다. 감히 얼굴도 들지 못하고 가슴을 치며 자신의 죄를 솔직하게 고백했습니다.

바리새인처럼 영적 굶주림이 무엇인지도 모르는 사람들이 있습니다. 그러한 자의 예배는 결국 하나님의 인정을 받지 못합니다. 그러나 사람을 의식하지 않고 하나님을 바라보고 하나님께 자신의 굶주림, 자신의 부족함을 드러내는 자, 솔직하게 자신의 죄를 직시하고, 하나님 앞에 인정하는 자, 그의 예배는 하나님으로부터 인정받습니다.

예배의 현장에서 하나님의 관심은 '나'에게 있습니다. 내 아내, 내 친구, 내 아들보다 지금 예배드리는 '나'에게 있습니다. 내가 변해야 나를 통해서 다른 사람도 변합니다. 내가 변할 생각을 하지 않고 다른 사람에게 복음 전하려고 해서는 안 됩니다.

Q. 예배묵상 1 : 예배드릴 때 내 머리에 가장 떠오르는 사람이 나 자신인가 다른 어느 누구인가?

나는 하나님께 얼마나 굶주려 있는가? 하나님 앞에서 가슴을 치며 드린 예배 경험이 언제였는가?

MEMO

나의 죄, 상처, 아픔, 연약함을 갖고 하나님 앞에 나아가십시오. 남들보다 뒤진 승진 때문에 열등감에 시달리고, 성격차이 때문에 스트레스 받고, 성차별, 인종차별 때문에 상처입고, 사춘기 자녀들이 무시해서 온통 썩어버린 가슴을 쓸어안고 하나님께 그 모습 그대로 나아가십시오. 있는 그대로의 내 모습을 하나님께 100퍼센트 오픈하십시오.

마음 깊은 곳에서 끓어오르는 욕심, 욕망, 야망, 비교의식, 경쟁의식을 나는 다스릴 수 없습니다. "'육신의 정욕과 안목의 정욕과 이생의 자랑'(요일 2:16)에 **찌든 나를 주의 형상으로 빚어 주옵소서.** 나는 나를 변화시킬 수 없습니다." 이것이 굶주림입니다. 이것이야 말로 가장 강력한 기대감입니다.

다시 한 번 시편 42편을 읽어봅시다. 하나님을 갈망함으로 일주일을 집중해서 살면 하나님의 응답을 경험하게 됩니다. 주일 예배를 향하는 발걸음에 간절한 기대감이 살아 있을 때 예배는 하나님의 임재로 충만하게 됩니다.

예배를 받으신다는 확신, 확신이 있어야 열정이 생깁니다. 상주시는 이심을 믿어야 합니다.

> "믿음이 없이는 기쁘시게 못하나니 하나님께 나아가는 자는 반드시 그가 계신 것과 또한 그가 자기를 찾는 자들에게 상주시는 이심을 믿어야 할지니라." _ 히 11:6

MEMO

Q. 예배묵상 2 : 3일이 지났다. 그동안 내 안에 어떤 기대감이 일어나고 있는가?

내 안에 갈등하고 싸우는 문제, 내가 어찌할 수 없는 내 모습이 있다면 그 마음을 하나님께 있는 그대로 솔직하게 표현했는가? 이런 문제들이 이번 주일 예배를 통해 하나님을 만남으로 해결되기를 기대해보자.

9일(목) 거룩한 기대로 6일을 보내라

오늘의 묵상구절

"사람이 그 친구와 이야기함 같이 여호와께서는 모세와 대면하여 말씀하시며 모세는 진으로 돌아오나 그 수종자 눈의 아들 청년 여호수아는 회막을 떠나지 아니하니라." _ 출 33:11

공진수는 예배 준비의 핵심을 여호와를 향한 갈망, 즉 헐떡거림이라고 했습니다. 당신은 일주일간 예배에 얼마나 목마릅니까? 당신이 드리는 예배의 깊이

MEMO

와 넓이는 당신의 갈급함의 양과 질에 절대 비례한다는 것입니다. 그렇습니다. 우리 안에 영적인 갈급함이 없다면, 완전하신 하나님의 임재에 대한 강력한 기대가 없다면, 예배는 우리에게 죽은 의식에 불과합니다.

구약제사의 특징은 사람들이 나올 때마다 '거룩한 기대' 속에 모였습니다. 그 거룩한 기대감은 하나님에 대한 사랑, 하나님의 마음에 합한 태도, 말씀에 대한 순종, 헌신 등으로 드러납니다. 제사장들은 실제로 하나님의 음성을 들었고, 하나님의 임재를 두 눈으로 목도했습니다.

백성들도 제사 드릴 때마다 하나님의 응답을 두 눈으로 보고, 5감으로 체험하고, 하나님의 불이 떨어져 제물이 태워지는 것을 보고 하나님으로부터의 직접적인 죄 사함을 현장에서 직접 확인했습니다.

모세가 성막에 들어갈 때 그는 하나님의 임재하심으로 들어가는 것임을 알고 있었습니다. 시내 산에서 모세는 하나님의 임재 가운데 40일 간 지냈습니다. 그 기간 동안 하나님께서 세밀하게 일일이 지시하시는 그 많은 율법들과 성전 설계도를 다 받아 적었습니다. 꿈에 지시를 받는 정도가 아닙니다. 하나님을 직접 대면했습니다.

모세의 뒤를 이어 민족의 지도자가 된 여호수아는 모세의 선택이 아니라 하나님의 선택이었습니다.(민 27:18) 하나님이 그를 인정하셨습니다. 여호수아는 젊은 시절부터 하나님의 임재를 사모했고, 성전에 거하는 것을 사모했습니다. 출 33:11에 보면 모세가 성막을 떠난 뒤에도 청년 여호수아는 성막을 떠나지 않고 기도했습니다.

여기서 우리는 여호수아의 영성을 읽을 수 있습니다. 청년 시절에 이미 그는

MEMO

시간 가는 줄 모르고 하나님과 함께 하는 교제를 사모했습니다. 그는 항상 하나님을 기대했습니다. 하나님이 이스라엘 민족의 미래를 위해 그 중요한 사역을 맡길 때 누구를 택하시겠는가? 하나님을 열정적인 마음으로 사랑했던 여호수아가 모세의 후계자가 된 것은 지극히 당연하고 자연스러운 일이었습니다.

오순절 다락방에서 120명의 제자들이 모여 성령을 기다릴 때 하나님의 임재가 있을 것을 기대했고, 또 실제로 임했습니다. 그들은 휘장이 찢어진 것을 알고 있었고, 이제 더 이상 모세나 아론처럼 누구나 예수를 믿으면 거룩한 지성소에 들어갈 수 있음을 알게 되었습니다.

더 이상 대제사장 같은 중재자가 필요 없음을 알고 있었습니다. 그들은 예배드릴 때 거룩하신 하나님의 임재 속에 들어갔습니다. 그들은 예수 그리스도께서 그들과 함께 계심을 알고 있었습니다. 예수께서 가르쳐 주시기를 기대하며 모였고, 살아계신 능력으로 예배자들과 만나 주시기를 기대하면서 모였습니다.

오늘 우리도 이러한 거룩한 기대감을 개발해야 합니다.

> Q. 예배묵상 : 주일 예배가 3일 앞으로 다가왔다. 내 안에 어떤 거룩한 기대감이 있는가?
>
> 거룩한 하나님의 임재 속에 들어가는 예배를 기대하자. 이번 주일 예배 때 이런 임재가 있기를 위해 중보기도하자.

MEMO

오늘의 묵상구절

"믿음은 바라는 것들의 실상이요 보지 못하는 것들의 증거니 선진들이 이로써 증거를 얻었으니라."_히 11:1,2

미네소타 주에서 있었던 실화입니다. 한 교회가 있었습니다. 그런데 교회 앞길 건너편에 나이트클럽이 생겼습니다. 그래서 밤마다 교회 앞길이 술 마시고 춤추러 오는 사람들로 북적거렸습니다. 이 교회는 문제를 해결하기 위해 전 교회적으로 중보기도를 시작했습니다. 기도 내용은 "주여 저 나이트클럽이 망하게 해 주시옵소서"였습니다. 그런데 신기하게도 한 달 후에 그 나이트클럽에 불이 나 홀라당 타버렸습니다.

문제는 그 나이트클럽 주인이 교회더러 변상을 하라는 것입니다. 교회가 기도하는 바람에 자기네가 망했다는 것입니다. 결국 술집 주인이 법원에 손해배상을 청구했습니다. 재판하는 날, 판사가 교회대표에게 물었습니다. "교회가 술집이 망하게 해 달라고 기도한 일이 있습니까?" 교회 대표는 "네 그렇긴 합니다. 그러나 우리가 기도했기 때문에 불이 났다고는 절대 믿지 않습니다."

판사가 이번에는 술집 주인에게 물었습니다. "교회가 당신네 클럽이 망하게 해달라고 기도한 것을 알고 있었습니까?" "예, 한 달 전 즈음 알았습니다. 이번 불은 100% 저 교회가 기도했기 때문에 났다고 믿습니다." 판사는 판결을 내렸다. "교회는 하나님에 대한 믿음이 없는 반면, 술집 주인은 하나님에 대한 믿음

MEMO

이 매우 좋습니다."

매주일 지역교회에서 드리는 눈에 보이는 예배시간에 보이지 않는 하나님 나라의 영적 역사들이 일어납니다. 왜냐하면 예배는 영적인 사건입니다.

"하나님은 영이시니 예배하는 자가 신령과 진정으로 예배할지니라." _ 요 4:24

성령과 말씀이 아니고는 이해할 수 없고, 깨달을 수 없는 생명의 역사, 치유와 회복의 은혜, 회개와 헌신과 결단의 역사, 영적인 축복의 사건들이 매주 전 세계에 흩어져 있는 수많은 교회들에서 일어나고 있습니다. 우리가 이 영적 현상들을 물량적으로 측정할 수 있다면 그 어마어마한 역사들에 놀라게 될 것입니다.

그런데 우리 크리스천들은 이 예배 가치의 실체를 너무 모르고 삽니다. 예배의 현장에서 일어나는 하나님의 놀라운 역사에 대해 믿음 없는 태도를 보입니다. 아니 마치 그런 역사가 없는 것처럼 예배를 대우합니다.

이 말은 자신이 드리는 예배를 통해 무슨 놀라운 일이라도 일어나겠는가 하는 불신의 태도로 예배에 임한다는 것입니다. 믿음이 없다는 것은 기대가 없다는 것입니다. 기대가 없으니 역사도 없고, 예배를 통한 하나님을 경험한 증거도 없습니다.

히브리서 기자는 믿음에 대해서 "바라는 것의 실상이요 보지 못하는 것들의 증거"(히 11:1)라고 했습니다. 이 한 구절이 얼마나 많은 위대한 기대와 믿음의

MEMO

역사를 일으켰는지 모릅니다. 믿음에는 기대감이 따릅니다. 믿음이 없이 기대하지 않습니다. 하나님에 대한 믿음이 크면 클수록 우리의 기대감은 커지는 것입니다. 기대감이 크면 클수록 믿음의 증거들이 많아지는 것입니다.

내려놓음의 저자 이용규 선교사가 2005년도 봄 몽골 이레교회에서 개척한 베르흐 지역의 예배 처소를 방문해서 예배를 드릴 때였습니다. 벌러르라는 한 자매가 예배 시간에 땀으로 뒤범벅되어 교회에 들어왔습니다.

그녀는 몇 달 전에 선교사님의 기도팀에 의해서 듣지 못하던 귀가 열린 기적을 체험한 자매였습니다. 어찌된 일인지 물어보니 예배 몇 시간 전에 잃어버린 소를 찾으러 뛰어다니다가 예배 시간이 다가오자 소를 포기하고 들판을 가로질러 뛰어 온 것입니다.

그 때 선교사님이 간절히 기도했습니다. 그녀가 소가 아닌 하나님을 예배하는 일을 선택한 믿음이 부끄럽지 않게 해 달라고 기도했습니다. 예배가 끝났습니다. 밖에 나가보니 잃어 버렸던 소가 나타났습니다. 그 소가 예배처소를 제 발로 찾아 온 것입니다.

하나님께서 벌러르 자매의 믿음을 받으셨습니다. 주일 예배를 향한 기대감, 하나님을 향한 기대감을 주께서 받으셨습니다. 그래서 하나님은 소가 아닌 예배의 기쁨을 선택했던 그 자매에게 예배와 소라는 두 가지 기쁨을 동시에 주셨습니다. 예배는 이론이 아닙니다. 예배는 기대감을 갖는 성도에게 드러나는 영적인 실체입니다.

MEMO

Q. 예배묵상 1 : 주일 예배가 이틀 앞으로 다가왔다. 지금 내 안에 주일 예배에 하나님과의 만남에 대한 기대감이 있는가?

나는 매주 예배 현장에서 보이지 않는 하나님 나라의 영적인 역사가 일어난다는 확신과 믿음이 있는가?

Q. 예배묵상 2 : 지난 날 내 삶에서도 예배 가운데 이런 하나님의 역사를 경험한 일이 있었는가?

Ⅲ. 적용

"주일예배는 일주일 동안 매일 드린 예배의 최고 정점이다." - 탐 크라우터

MEMO

우리는 준비 없이 정상적으로 살 수 없습니다. 매일 아침 출근하면서 우리는 세면하고 옷을 입는 수고로운 준비를 합니다. 회의 하나를 해도 준비해야 하고, 식사를 하기 위해 음식을 준비해야 합니다. 인터뷰, 방송, 드라마, 영화, 신문, 지하철 탑승 등 거의 모든 일상의 사건은 준비 없이 이루어질 수 없습니다. 그런데 왜 우리는 예배를 준비하지 않습니까? 그냥 가서 드리면 되는 회중이기 때문에? 아닙니다. 예배야 말로 마음으로 준비하는 의식입니다. 찬양과 미디어와 환경과 순서를 담당한 예배위원들도 마음으로 준비하지 않으면 헛된 종교의식으로 그칠 수 있습니다. 예배를 준비한 만큼 하나님을 만날 수 있습니다.

"예배 10분전에 참석하기 바란다. 예수 그리스도를 통해 나타난 하나님의 존귀와 영광과 자비를 묵상하라. 이사야가 본 '높이 들린' 하나님의 환상을 마음속에 그려보라.(사 6장) 요한이 '눈은 불꽃같고, 음성은 많은 물소리 같은' 그리스도를 본 그 장엄한 계시를 마음속에 그려보라(계1장). 주님의 임재가 나타나기를 구하라. 그 다음, 목사나 책임 맡은 사람들에게 그리스도의 빛이 발하기를 구하라. 하나님의 광채, 쉐키나가 그 사람을 둘러싸고 있는 것을 상상하라. 그들이 하나님의 능력으로 진리를 담대하게 전하기를 마음속으로 중보 하라.

교인들이 들어오기 시작하면 둘러보아 중보기도가 필요한 사람들을 찾으라. 아마 그들은 어깨가 처져 있든지 혹은 다소 슬픈 기색이 보일 것이다. 그들이 그리스도의 임재하는, 영광스럽고 새 힘을 주는 빛에 들어가도록 간구하라. 그들의 어깨에서 무거운 짐이 벗겨지는 것을 상상하라. 예배 시간 내내 그들에게

MEMO

특별한 관심을 가지라. 어떤 집회에서든지 몇몇 사람들이 이와 같은 일을 한다면, 모든 사람의 예배 체험이 깊어 질 것이다."[21] – 리처드 포스터

---

21) 리처드 포스터, 영적훈련과 성장, 3판 (생명의 말씀사, 2009) p. 259.

MEMO

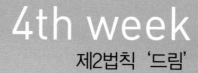

4th week
제2법칙 '드림'

4주
- 제2법칙 '드림'

그리스도인이 부자가 되었기 때문에
하나님께 감사를 드린다면
세상 사람들은 감동하지 않을 것이다.
하나님만으로도 충분히 만족하기 때문에
그리스도를 위해 자신의 부를 드리고
그것을 이익으로 생각할 때 세상 사람들은 감동을 받는다.
- 존 파이퍼

I. 도입

"우리가 알거니와 하나님을 사랑하는 자 곧 그 뜻대로 부르심을 입은 자들에게는 모든 것이 합력하여 선을 이루느니라." (로마서 8:28)

"예배는 성도가 하나님께 드릴 수 있는 최상의 반응이다." -이유정

MEMO

II. 주중 과제

월요일부터 금요일까지 하루에 15분 씩 시간을 내어 각 과의 주제와 관련된 예배칼럼을 묵상하고 간단하게 느낀 점을 칼럼의 제일 밑에 있는 묵상 적용 난에 매일 기록하십시오.

11일(월) 예배는 드림이다

오늘의 묵상구절

"너희 육신이 연약하므로 내가 사람의 예대로 말하노니 전에 너희가 너희 지체를 부정과 불법에 드려 불법에 이른 것 같이 이제는 너희 지체를 의에 게 종으로 드려 거룩함에 이르라."_ 롬 6:19

예배는 보는 것이 아니라 드리는 것입니다. 하나님께 마음, 시간, 정성, 기도, 찬송을 드리는 것입니다. 기독교는 주는 종교입니다. 하나님께 즐겨 드리는 사람이 형통하고, 다른 사람에게 자꾸 퍼주는 사람이 복을 받습니다. 아브라함은 아들 이삭을 드림으로 복의 근원이 되었습니다.

그런데 요즘 예배는 하나님께 정성껏 드리는 것이 약해졌습니다. 받는 것에 익숙해 졌다. 회중의 입장에 눈높이를 맞추다가 그 도가 넘어섰습니다. 예배의 본질은 받기 이전에 드리는 것입니다. 예배는 거룩한 투자입니다. 대가를 치루는 것입니다. 값을 지불하는 것입니다.

MEMO

전통예배는 하나님께 드리는 것에 초점을 둡니다. 반면 찬양과 경배를 중심으로 한 현대예배는 하나님의 임재에 집중합니다. 예배는 이 두 가지의 균형과 조화가 필요합니다. 임재에 치우칠 경우 드림이 약해집니다. 받는 것에 익숙해집니다. 여기 우선순위가 있습니다. 예배는 채우기 이전에 먼저 드리는 것입니다.

어떤 대상이 가치 있다고 마음을 표현하려면 대가를 치러야 합니다. 한 후배는 여자 친구와 만난 이후 한 달, 100일, 1년 된 기념일을 마치 컴퓨터처럼 기억합니다. 그리고 그 날마다 기억에 남을 만한 특별한 선물을 준비합니다. 우리는 누군가를 진심으로 사랑하게 되면 나에게 가장 의미 있는 소중한 것을 선물하고 싶어집니다. 사랑하는 만큼 상대에게 그 가치를 표현하고 싶습니다. 이것이 드림의 법칙입니다. 가치만큼 드립니다.

Q. 예배묵상 1 : 나는 예배할 때 하나님께 드리는데 집중하는가? 은혜 받는데 집중하는가?

드림의 가장 구체적인 표현

헌금은 드림의 가장 구체적이고 직접적인 표현입니다. 헌금의 원리는 가치만큼 드리는 것입니다. 하나님의 가치는 무엇과도 비교할 수 없습니다. 쓰다 남은 싸구려 조각을 드리는 것이 아닙니다. 내가 드릴 수 있는 가장 온전한 것을 드리

MEMO

는 것입니다. 온전하다는 표현은 쓰고 남는 돈을 털어서 헌금하는 것이 아니라 정성스럽게 따로 구별한다는 의미입니다. 즉 드리는 자의 마음이 중요합니다.

> "각자 그 마음에 정한 대로 해야 하고, 아까워하면서 내거나, 마지못해서 하는 일이 없어야 합니다. 하나님께서는 기쁜 마음으로 내는 사람을 사랑 하십니다." (고후 9:7, 표준새번역)

'기쁜 마음으로 내는 사람'은 영어로 a cheerful giver(NKJV)입니다. cheerful은 '기꺼이 ~하는, 마음으로부터의, 마음을 밝게 하는, 기분이 상쾌 한'의 뜻입니다. 우리는 종종 일반헌금, 감사헌금, 십일조 등을 습관적으로 드 릴 때가 있습니다. 조심해야 합니다. 헌금할 때마다 내 마음을 담아서 하나님께 기꺼이, 기쁘게, 더불어 상쾌하게 드려야 합니다.

헌금을 드린다는 것은 내 소유의 주인이 누구인가를 인정하는 좋은 훈련이 되기도 합니다. 즉 지난 한 주간 열심히 일해서 들어온 수입의 일부를 떼어서 하나님께 헌금 할 때마다 재정의 주권이 하나님께 있음을 인정하는 것입니다. 재정의 주권을 인정하는데 가장 좋은 헌금이 십일조입니다.

> "만군의 여호와가 이르노라 너희의 온전한 십일조를 창고에 들여 나의 집 에 양식이 있게 하고 그것으로 나를 시험하여 내가 하늘 문을 열고 너희에 게 복을 쌓을 곳이 없도록 붓지 아니하나 보라." (말 3:10)

MEMO

사실 우리가 가진 모든 것은 하나님 것입니다. 청지기인 우리에게 잠시 맡겨놓은 것에 불과합니다. 내 소유가 내 것임을 주장해봐야 내가 갖고 있는 것이 전부입니다. 그러나 모든 것이 다 하나님의 소유임을 인정하면 그때부터 하나님의 것이 다 내 것이 되는 것입니다.

누군가가 한국교회에서 드리는 헌금의 종류를 세어보았더니 71가지나 있었습니다. 출생헌금, 순산헌금, 돌 헌금, 백일헌금, 헌아식 헌금, 새 차 구입헌금, 취업헌금, 좋은 일자리헌금, 아르바이트헌금, 개업보호헌금, 범사헌금, 좋은 여행 헌금, 즐거운 여행헌금, 안전한 여행헌금, 출장 중 보호헌금, 여행 중 보호헌금, 사업축복헌금, 축복헌금, 채우시는 축복헌금, 가족방문헌금, 이주헌금, 한국방문헌금, 면허취득헌금, 사고 중 보호헌금, 새집마련헌금, 이사헌금, 새로운 보금자리헌금, 화목한 가정헌금, 집 매매헌금, 집수리헌금, 생일헌금, 환갑헌금, 결혼헌금, 결혼기념헌금, 주님 품에 보냄 헌금, 장례헌금, 추모예배헌금, 건강헌금, 가족건강헌금, 수술헌금, 치유헌금, 치료헌금, 좋은 검사 결과헌금, 기도응답헌금, 주님 영접헌금, 등록헌금, 침례헌금, 교회인도헌금, 주님 동행헌금, 주님 인도헌금, 주님 사랑헌금, 주님 은혜헌금, 성령충만헌금, 깨달음 헌금, 유학헌금, 학업헌금, 시험 잘 치름 헌금, 합격헌금, 입학헌금, 졸업헌금, 하나님의 도우심 헌금, 환난 중 감사헌금, 평안헌금, 말씀헌금, 목사자식 신학대 가면 4년간 등록금헌금, 목사차량헌금, 교회차량 헌금, 교회건축헌금, 교회부지 구매헌금, 간증인 간증감사헌금, 십일조 등입니다.

얼핏 보면 샤머니즘적인 기복신앙이 묻어있는 명칭들이 많아 보입니다. '안전한 여행헌금', '여행 중 보호헌금'은 거의 여행보험 수준입니다. 게다가 '즐거운 여행헌금'은 여행 시 기분까지 패키지로 넣었으니 좀 심하다는 생각이 듭니다. 그 외에도 '좋은 검사 결과헌금', '주님 은혜헌금', '목사자식 신학대 가면 4년간 등록금헌금', '시험 잘 치름 헌금' 등은 너무 자세한 그 헌금 항목에 웃음이 나옵니다.

그런데 다른 각도에서 이 세목들을 들여다보면 전혀 새로운 해석도 가능합니다. 즉 삶의 모든 영역을 헌금과 연결해 놓은 것입니다. 무슨 말입니까? 우리의 일상의 모든 삶의 주권이 하나님께 있음을 인정하는 참으로 기특한 발상입니다.

> Q. 예배묵상 2 : 내 헌금생활을 돌아보자. 매주 드리는 헌금에 얼마나 내 마음이 담겨 있는가? 아니면 그냥 습관에 따라 드리는가? 십일조는 어떻게 드리고 있는가?

시간도 드리자

물질만이 아닙니다. 내 시간도 드립니다. 남는 시간을 드리는 것이 아니라 가장 소중한 시간을 드립니다. 하나님의 시간 법칙은 인간의 법칙과 달라서 우리의 1시간은 하나님께 1초가 될 수도 있고, 100시간이 될 수도 있습니다. 하나님은 시간을 초월하십니다. 그래서 하나님께 드리는 시간은 아까운 시간이 아닙니다. 그분은 내 1시간을 30시간, 60시간, 100시간으로 만드실 수 있는 배가의

MEMO

하나님이십니다.

일주일의 하루는 하나님께 아낌없이 즐겁게 드립시다. 최근 미 동남부 최고 일간지 AJC가 조지아주의 대표적인 체인레스토랑 칙필레(Chic-Fil-A)의 창업 주인 트루엣 캐시 명예회장과 인터뷰한 내용을 보았습니다. 캐시 회장은 창업 이후 지난 16년 동안 해마다 두 자리 수 매출 신장을 이끈 장본인입니다. 칙필레 는 현재 전국 1400개 매장을 보유한 동종업계 전국 2위의 레스토랑입니다.

이 인터뷰에서 제 가슴을 뛰게 한 것은 AJC기자가 칙필레 경영인으로서 가장 뿌듯한 것이 무엇이냐는 기자의 질문에 캐시 회장이 답변한 내용이었습니다. 그는 서슴없이 "주일에 쉬기로 한 것"이라고 대답했습니다. 현재 아흔을 바라보는 캐시는 지난 51년 동안 주일마다 주일학교 교사로서 13세 소년들에게 성경을 가르쳐 왔습니다.

통상 패스트 푸드점 업계에서 일요일 매출은 전체 매출의 최소 20% 이상을 차지한답니다. 그러나 캐시는 하나님을 위해 그 20%를 포기했습니다. 캐시 회장은 1주일에 하루는 성경의 원리대로 하나님을 예배하고 쉬는 날이므로, 칙필레의 전국 모든 매장은 주일마다 직원들이 하나님을 예배하고 가족들과 함께 시간을 보내도록 문을 닫는다고 했습니다.

그것은 탁월한 결정이었습니다. 경제 논리로는 이해할 수 없지만 외식업계에서는 일명 '칙필레 신화'라는 용어까지 생겨날 정도로 주일 매출이 제로인 칙필레는 경이적인 매출 신장을 해마다 이어 나갔습니다. 이것이 하나님의 시간 법칙입니다. 인간의 상식으로는 이해할 수 없지만 하나님 나라에서는 당연한 상식입니다.

MEMO

한국교회도 그 어느 나라보다 주일성수의 전통이 강합니다. 우리 신앙의 선배들은 교회를 중심으로 살았습니다. 저도 어려서부터 교회에서 시간을 보내는 것을 한 번도 아까워한 적이 없습니다. 교회가 제 생활의 중심이요, 시간의 센터였습니다.

요즘 중고등부 담당 교역자들이 울상입니다. 청소년들이 공부 때문에 시간이 아까워서 교회에 오지 않는다는 것입니다. 무엇보다 예수 믿는 부모들이 주일에 자녀들이 교회에 오래 있는 것을 못마땅해 한다는 것입니다. 아예 이른 아침 예배 마치고 학원으로 과외로 도서관으로 직행합니다. 공부하는 시간 외에 남는 자투리 시간을 하나님께 드립니다. 그래서 청소년들을 잡으려고 뛰는 프로그램, 청소년의 눈을 사로잡는 예배에 목숨 걸고 투자하지 않으면 중고등부 사역자체가 불가능하다는 것입니다.

한국교회가 왜 이렇게 변질되었습니까? 복음을 위해, 선교를 위해, 교회 봉사를 위해, 그 무엇보다 예배를 위해 시간을 내는 일을 아까워하는 것은 하나님을 그만큼 싸구려 취급하는 것입니다. 우리 자녀들에게 하나님의 존재를 쓰다 남은 싸구려 빗자루 정도로 물려준다면 한국교회의 미래는 재앙으로 돌아올 것이 불 보듯 뻔합니다.

우리 부모세대들은 다음 세대 자녀들에게 일주일 하루를 하나님께 온전히 드리는 신앙습관을 필사적으로 물려주어야 합니다. 이는 해도 되고 안 해도 되는 선택사항이 아니라 한국교회의 존폐가 달린 필수 사항이기 때문입니다.

MEMO

Q. 예배묵상 3 : 시간에도 우선순위가 있다. 우리는 가장 가치 있는 일에 시간의 우선순위를 둔다. 아래에서 나 자신에게 어느 항목이 가장 중요한지 (   )에 그 우선순위를 정직하게 매겨보라. 현재 내 우선순위를 보면 하나님이 내 삶에 어떤 위치를 차지하는지 드러난다. 향후 어떻게 하면 내 예배가 회복될 수 있을까? 아래에 적으라.

잠자기(   ), 먹기(   ), 직장 일(   ), QT(   ), 집 꾸미기(   ), 예배(   ), 교회 봉사(   ), 자녀 돌보기(   ), 남편과 시간보내기(   ), TV시청(   ), 인터넷 서핑(   ), 쇼핑(   ), 취미(   ) 등

12일(화) 구약제사의 정신

오늘의 묵상구절

"그러므로 형제들아 내가 하나님의 모든 자비하심으로 너희를 권하노니 너희 몸을 하나님이 기뻐하시는 거룩한 산제사로 드리라 이는 너희의 드릴 영적 예배니라."_롬 12:1

예배는 인간이 하나님께 드릴 수 있는 최고의 행위입니다. 로마서 12장 1절에서 바울은 우리의 몸 자체를 거룩한 산제사로 드리라 했습니다. 여기에서 몸은

MEMO

'소마' 입니다. 소마는 육체를 뜻하는 '사륵스' 와는 다른 의미를 갖습니다. 즉 소마는 한 사람의 인격, 자아, 전인체를 의미합니다. 즉 바울은 영적 예배의 조건을 '나' 라는 인간의 전인체를 드리는 것으로 보았습니다.

솔직히 구약의 제사제도는 신약 시대를 넘어 2천 년이나 지난 오늘날에는 감이 멀어도 한참 멉니다. 그래서 구약의 성도들이 어떤 방식으로 어떻게 예배를 드렸는지 피부에 와 닿지 않습니다. 4~5천 년 전의 제사를 모르면서 신약시대 사도바울이 말한 '산제사' 라는 개념을 어떻게 이해할 수 있겠습니까?

구약의 제사는 예수 그리스도의 구속사역으로 완성되었습니다. 제사 형식은 이미 끝났습니다. 물건으로 말하자면 단종discontinue 되었습니다. 그러나 당시 제사의 의미와 정신은 알아야 합니다.

레위기에 등장하는 제사법을 살펴봅시다. 하나님께 제사 드리는 방법은 출애굽기에 처음 등장합니다. 그러나 출애굽기는 하나님의 지상임재 처소인 성막을 봉헌하는 내용으로 그 끝을 맺습니다. 이제 레위기는 이스라엘 백성이 하나님께 나아가 생명의 교제를 나눌 수 있는 구체적인 방법을 예배(제사)로 풀어쓴 책입니다. 즉 거룩하지 못한 인간이 어떻게 거룩하신 하나님을 만나서 교제하고, 화목을 이룰 수 있는가에 그 초점을 맞추고 있습니다. 그래서 레위기는 신약 예배의 근원과 정신을 이해하기 위해 필수적인 책입니다.

구약 전체에서 예배에 대한 핵심 단어가 바로 '아보다' 입니다. 신약에서는 '라트리아' 입니다. 이는 '드림'service을 의미합니다. 구약의 5가지 제사인 번제, 소제, 속건제, 속죄제, 화목제는 모두 드리는 제사입니다. 흠 없는 숫양, 수송아지, 숫염소, 암염소, 어린 양, 과자, 빵, 고운 가루, 유향과 기름 등으로 드

MEMO

립니다.

5가지 제사 제도를 구체적으로 알아봅시다.

번제는 구약 제사 가운데 가장 대표적인 의식입니다. 번제는 자원해서 드리는 제사로 생활 형편에 맞게 살아있는 동물인 흠 없는 숫소, 숫양, 숫염소, 산비둘기 또는 집비둘기의 새끼를 제물로 사용합니다. 이 제사는 자신을 100% 온전히 하나님께 드리는 의미를 갖습니다. 그래서 번제를 예배의 영원한 모본이라고도 합니다.

소제는 피 없는 제사이기 때문에 번제나 화목제와 함께 드립니다. 고운 가루에 유향과 기름을 섞어 번제단에서 불사릅니다. 속건제는 하나님과 사람 앞에 범죄 한 허물을 용서받고자 드리는 제사로서 흠 없는 숫양을 제물로 드립니다. 속죄제는 알지 못하고 지은 죄가 기억난 경우에 드리는 제사입니다. 죄의 종류에 따라 제물이 다릅니다. 마지막으로 화목제는 감사의 뜻으로 드리는 제사입니다. 이때 바치는 고기 제물에는 과자나 빵을 곁들여서 바칩니다.(레 7:12~15)

이 5가지 제사 가운데 영원한 예배의 모본으로 불리는 번제가 드려지는 실제 진행 순서를 따라가 봅시다. 번제는 히브리어로 올라인데 이 말의 어근은 아라입니다. 그 뜻은 "올라가다"입니다. 즉 제물을 태워서 그 연기가 올라가는 것처럼 우리 존재를 하나님께 드린다는 의미입니다.

제사를 드리는 제주는 제물로 드릴 짐승을 끌고 회막이나 성전에 나아와서 제물의 머리에 안수합니다. 그렇게 함으로써 자신의 죄가 죄 없는 희생제물에게 전가됩니다. 이제 그 제물을 자신이 직접 잡습니다. 예배자가 숫양이나 숫염소를 죽이는 장면을 상상해보십시오. 아무런 흠도, 죄도 없는 어린 양이 죽어가

MEMO

며 주인의 얼굴을 쳐다봅니다. 예배자는 자신의 죄 때문에 불쌍한 양이 죽어가는 모습을 보며 자신의 죄에 대해 치를 떨게 됩니다.

이제 그 피를 제사장에게 주면 제사장은 번제 단 사면에 그 피를 뿌립니다. 그 후 예배자는 그 짐승의 가죽을 벗기고 각을 뜨고 내장과 정강이는 물로 씻어 제사장에게 주면 가죽을 제외한 모든 부분을 제단에서 화제로 전부 불사릅니다. 그리고 가죽을 제외한 모든 부분은 하나님께 번제로 드리고 가죽은 제사장의 몫이 됩니다.

제물의 종류가 비둘기 일 때는 번제의 방법이 틀려집니다. 암수 구별 없이 먼저 비둘기의 머리를 비틀어 숨통을 끊고 피는 단 곁에 뿌립니다. 더러운 찌꺼기들은 단 동편 재 버리는 곳에 버립니다. 짐승의 속과 겉 모두를 각 뜨고 씻어서 제사장이 단위에 태웁니다.(레 1:3-9)

이 얼마나 피 비린내 나는 살육의 현장입니까? 제사는 이토록 심각한 의식이었습니다. 제사에 참여하는 예배자는 자신의 전인격은 물론 오감을 통해 자신의 죄 문제에 대해 심각성을 온 몸으로 느끼면서 하나님께 예배합니다.

Q. 예배묵상 1 : 구약의 제사, 특히 번제의 과정을 잠시 묵상해본다. 그 피비릿내 나는 제사의 현장이 오늘 우리가 드리는 예배의 현장과 어떤 차이가 있는지 묵상해보자.

MEMO

제사에 담긴 예배정신

이 5가지 제사 규례는 히브리서 기자에 의하면 옛 언약(言約)입니다. 이 제사 규례는 예수 그리스도께서 오실 때까지만 적용되는 모형적이고 예표적인 규례였다.[22] 구약의 모든 제사제도는 예수의 십자가 사건으로 완성되었습니다. 그러므로 이제 구약의 규례들은 신약의 성도들에게는 더 이상 문자적인 구속력을 갖지 못합니다. 그럼에도 불구하고 구약의 제사제도가 신약 시대의 성도들에게 의미가 있는 것은 그 정신입니다. 각 제사 속에 담겨 있는 법 정신은 오늘날 성도들이 드리는 예배정신 속으로 녹아들어 승화되어야 합니다.

나는 구약 제사에 대해 한 가지 질문이 있었습니다. "왜 구약의 제사는 그토록 어렵고 복잡한가?" 나는 처음에 그 이유를 단순히 하나님의 거룩성과 완전성에서 찾았다. 하나님은 죄를 가까이 하실 수 없는 완전하신 분이기 때문에 그 하나님의 임재가 있는 제사 현장에는 0.000001%의 죄도 용납하실 수 없다. 그래서 그토록 철저하고 자세하게 알려주신 것이라 생각했습니다.

물론 이런 이해가 틀린 것은 아니다. 그러나 예배를 연구하고 현장에서 사역하면서 하나님께서 어려운 규범을 주신 보다 근본적인 원인이 있음을 깨닫게 되었습니다. 그것은 바로 하나님과의 친밀한 교제를 회복하기 위함이었습니다. 이를 위해서는 죄 문제를 해결해야만 했습니다. 그 복잡한 제사규범들은 하나님과의 관계의 회복을 위해 예배자를 정결케 하기 위한 의식이었습니다.

---

22) 호크마 종합주석 1, 레위기 참조

MEMO

즉 율법은 하나님과 그의 백성들 사이에 맺은 언약이라는 기초 속에 녹아있는 사랑이 전제되어야만 그 본래적 의도가 살아 있습니다. 그래서 율법은 구속을 위한 잠금장치가 아니라 자유를 위한 안전장치입니다. 규범 안에서 누리는 자유가 그 본래의 목적입니다.

그래서 구약의 제물이나 신약의 헌금과 같이 하나님께 예물(헌금)을 드려야 하는 이유는 단순히 성난 주군의 마음을 돌이키거나 그분을 기쁘게 하기 위함이 아닙니다. 그래서 드림은 재물의 많고 적음의 문제가 아니라 진정성이 중요합니다.

우리는 매주 반복적인 드림을 통해 욕심과 탐욕에 물든 자아에서 벗어나는 훈련을 하게 됩니다. 드림의 훈련은 결국 물질의 노예로 살던 우리에게 물질로부터의 자유를 가져다줍니다. 그 결과 하나님 보다 더 크게 보였던 물질이 점점 작아지고, 물질과는 비교할 수 없는 하나님의 존재를 발견하게 됩니다. 그때 비로소 하나님과의 진정한 사랑의 관계가 역동적으로 시작됩니다. 그 사랑을 경험할 때 우리는 진정한 자유를 누리게 됩니다.

Q. 예배묵상 2 : 구약의 제사의 정신을 바로 알아야 오늘 우리가 드리는 신약예배가 실감이 난다. 규범에 의한 철저한 훈련이 결국 우리를 자유케 만든다. 나에게 꼭 필요한 드림의 훈련은 무엇인가?

MEMO

13일(수) 드림 그 이상이다

오늘의 묵상구절

"나의 하나님이여 주께서 마음을 감찰하시고 정직을 기뻐하시는 줄 내가 아나이다. 내가 정직한 마음으로 이 모든 것을 즐거이 드렸사오며 이제 내가 또 여기 있는 주의 백성이 주께 즐거이 드리는 것을 보오니 심히 기쁘도소이다." _ 대상 29:17

한국교회에 독특한 리더십으로 선한 영향력을 끼친 이재철 목사가 목회자가 되기 전에 매우 부유한 사업가였다는 사실을 그의 책 《매듭짓기》23)에서 흥미 있게 읽었습니다. 현재 기독교 전문출판사인 홍성사의 처음 시작은 항공운송 사업이었습니다. 당시 20대였던 이재철 목사는 교회에서 가장 많은 십일조와 감사헌금을 바친 성공한 사업가요 앞날이 총망 받는 기독 실업인이었습니다.

교회가 추진하는 각종 선교 사업은 물론 고아원, 양로원, 기도원 등에 누구보다 많은 헌금을 드렸습니다. 그런데 당시 홍성사에서 벌어들인 수입에 비하면 지극히 적은 일부분에 불과했다고 합니다. 그러나 홍성사는 그의 욕망을 충족시키는 도구에 지나지 않았다고 합니다. 자신의 일생에 가장 많은 돈을 벌고 가장 많은 헌금을 쾌척하던 그 시절에 자신의 중심은 하나님과 가장 멀리 떨어져 있었다는 것입니다.

---

23) 매듭짓기, 이재철(홍성사, 2005) p.136-137

MEMO

한 목회자의 솔직한 고백을 읽으면서 자신의 연약함을 드러낼 수 있는 그분의 인품에 머리가 숙여졌습니다. 동시에 예배의 원리 가운데 가장 중요한 원리의 하나인 '드림'은 양의 문제가 아니라 질의 문제임을 깨닫게 해줍니다.

오늘날 많은 기독 실업인들이 자신의 재물로 하나님을 만홀히 여기고 있습니다. 하나님께서 역겹게 여기실 수도 있습니다. 왜냐하면 하나님이 물질에 굶주린 분이 아니시기 때문입니다. 하나님은 이 땅의 기준으로 결코 값을 매길 수 없는 분입니다. 그래서 수백억 불을 드린다고 해도 하나님은 눈 하나 깜짝하지 않으십니다. 그래서 '드리는 마음'이 중요합니다. 그래서 드림의 법칙의 중요한 기초는 바로 '진정성'입니다.

진정성이 얼마나 중요한 지 알려주는 성경 본문을 또 하나 소개합니다. 초대교회 당시 모든 물건을 팔아서 교인들이 서로 통용하고 나누는 놀라운 풍습이 있었습니다. 이때 아나니아와 삽비라도 은혜를 듬뿍 경험했는지 자신의 전 재산을 정리해서 팔았다. **"그리고 돈의 일부를 가지고 와서는 전액을 가져왔다고 말하였다. 이런 속임수는 물론 그의 아내와 함께 꾸민 일이었다."** (행 5:2, 현대어성경)

베드로는 이 부부의 마음을 꿰뚫어 보고 책망했습니다.

> "아나니아여, 사단이 당신 속에 들어갔소? 왜 땅값을 따로 챙겨 두고 와서 전액이라고 말해 성령께 거짓말을 하는 거요? 그 재산을 팔고 안 팔고는 당신 마음대로 할 수 있는 일이오. 그리고 판 후에 그 돈의 얼마를 남에게 주는가 하는 것도 전적으로 당신 자유의사에 달린 것이오. 그런데 왜 이런

MEMO

짓을 하시오? 당신은 우리를 속인 것이 아니라 하나님을 속인 것이오." (행 5:3-4, 현대어성경)

즉 헌금은 전적으로 하나님과 헌금자와의 일대일 관계 속에서 규정되는 드림의 방식입니다. 추호라도 인간을 의식해서는 안 됩니다. 결국 아나니아와 삽비라 부부는 거짓이 발각되자마자 그 즉시 거꾸러져 죽었습니다. 물론 이 사건을 오늘 현대교회에 바로 적용하기에는 무리가 있습니다. 초대교회에 한시적으로 임했던 하나님의 강력한 임재의 결과로 볼 수 있습니다. 어쨌든 헌금을 속이는 것, 헌금으로 과시하는 것, 하나님을 기만하는 것 등은 생각보다 심각한 죄이니 조심해야 합니다.

헌금의 진정성의 참 모델은 과부의 두 렙돈 기사에서 발견할 수 있습니다. 한 번은 예수께서 성전의 연보 궤 근처에 앉으셔서 사람들이 헌금하는 것을 보고 계셨다. 부자들은 사람들이 보는 가운데 자신의 주머니에서 많은 돈을 꺼내서 넣었습니다. 당시 헌금을 많이 하는 사람은 믿음이 큰 사람으로 부러움을 받았다. 그때 한 가난한 과부가 다가 와서 두 렙돈을 넣었습니다.

당시 데나리온은 로마의 화폐 단위로써 하루 임금에 해당합니다. 렙돈은 가장 작은 화폐 단위로서 데나리온의 64분의 1입니다. 두 렙돈이면 오늘 날 약 4~5천원에 해당합니다. 그런데 예수께서 과부가 가장 많은 헌금을 했다고 말씀하셨다.

MEMO

"이 가난한 과부는 연보 궤에 넣는 모든 사람보다 많이 넣었도다." (막 12:43)

어리둥절해하는 제자들에게 예수께서 이유를 설명하셨다. **"저희는 다 그 풍족한 중에서 넣었거니와 이 과부는 그 구차한 중에서 자기 모든 소유 곧 생활비 전부를 넣었느니라 하셨더라."** (막 12:44)

얼마나 많은 액수의 헌금을 하느냐보다 얼마나 정성어린 마음이 담긴 헌금을 하느냐가 더 중요한 것입니다. 드림보다 더 중요한 것이 '진정성' 입니다.

Q. 예배묵상 : 하나님께 '드림'은 축복이다. 나는 지금까지 드림을 무엇으로 여겼는가?

14일(목) 드림의 본질은 깨뜨림이다

오늘의 묵상구절
"내가 진실로 너희에게 이르노니 온 천하에 어디서든지 복음이 전파되는 곳에는 이 여자가 행한 일도 말하여 그를 기억하리라." _ 막 14:9

MEMO

요한복음 12장은 드림의 본질을 우리에게 보여줍니다. 마르다는 일을 통해 사랑을 표현했지만, 마리아는 자신의 소중한 향유옥합을 깨뜨려 최상의 사랑을 표현했습니다. 자신이 가장 소중하게 여기는 것을 깨뜨리는 것은 자신의 마음을 깨뜨림과 다름없습니다.

유대인의 풍습에서 귀한 손님이 방문했을 때 그 머리에 기름을 붓는 것은 일반적인 일입니다. 그런데 잔치가 한창 무르익은 절정의 때에 마리아가 한 것처럼 그 발에 기름을 붓는 것은 지극히 드문 일이었습니다. 게다가 손님의 발을 씻는 일은 노예 중에서도 가장 하급 노예가 하는 일이었습니다. 더더욱 마리아는 수건도 아닌 자기 머리털로 예수의 발을 씻어드렸습니다.

이것은 예수께 대한 전폭적인 헌신이요, 철저한 자아의 깨어짐이었습니다. 둘째는 그녀의 오빠 나사로를 살려주신 예수에 대한 감사와 사랑의 표시였습니다. 셋째, 머리털로 발을 닦은 것은 존경과 섬김과 순종의 행위였습니다. 마리아의 지극한 마음을 예수는 이해하셨습니다. 그 행위를 고귀하게 받으셨습니다.

문제는 제자들의 관점입니다. 그들의 관심은 '예수의 가치' 보다 '돈의 가치'에 있었습니다. 그러나 예수의 관심은 그녀의 마음에 있었습니다. 막 14장에서는 '이 여인이 힘을 다해 자신의 장례를 준비했다' 고 평가했습니다. 예수님을 위해 가장 값진 보물을 깨뜨리고, 마음을 다해 드린 헌신은 세속적 잣대로 결코 비교할 수 없습니다. 이 가치를 아시는 예수님은 칭찬을 아끼지 않았습니다.

"내가 진실로 너희에게 이르노니 온 천하에 어디서든지 복음이 전파되는 곳에는 이 여자가 행한 일도 말하여 그를 기억하리라." (막 14:9)

MEMO

나는 이 말씀이 솔직히 마음에 듭니다. 우리의 헌신을 예수님이 인정해주신다는 것입니다. 거기서 그치지 않고 복음이 전파되는 곳마다 이 일이 기억되게 한다니 얼마나 영광스럽습니까?

Q. 예배묵상 1 : 진정한 드림을 위해 '예수님의 가치'를 알고, 그 가치 앞에 '나를 깨뜨림'이 꼭 필요하다. 그 깨뜨림을 예수께서 받아주신다. 나에게 깨어져야 할 부분이 무엇인가?

옥합을 깨뜨린 달렌 첵

예배인도자 달렌 첵은 현재 전 세계 예배찬양의 흐름에 가장 큰 영향을 미치고 있는 호주의 힐송교회 예배 담당 목사입니다. 그녀가 작곡한 "내 구주 예수님"Shout to the Lord이란 곡은 1993년 처음 발표되어 전 세계 50여개 이상의 음반에 다양한 언어로 번역되어 녹음되었습니다. 그가 속한 힐송교회에서 해마다 제작되는 경배와 찬양 실황 음반은 순식간에 전 세계 교회에 보급되고 있습니다.

이렇게 하나님께 쓰임 받게 된 그녀의 젊은 시절이 궁금했습니다. 그래서 자료를 찾아보니 그 시작은 아주 단순했습니다. 단지 주님을 알기 위해 교회에서 하나님을 섬기고, 커피를 타고, 심부름하고, 무슨 일이든지 할 일이 있으면 가

MEMO

리지 않고 하고 싶어 하는 젊은이였습니다. 힘을 다해 자신의 삶을 교회에 헌신한 한 자매에 불과했습니다. "내 구주 예수님"은 그런 그의 헌신의 여정에서 너무나 지쳐있던 상황에서 탄생한 곡입니다.

하나님 나라의 가치를 깨달은 그녀는 결혼하고 2명의 자녀를 키우면서도 교회에서 거의 대부분의 시간을 자원으로 봉사했습니다. 그러나 생계를 위해서는 오토바이 판매점을 하며, 라디오, 텔레비전 광고, 배경음악 등 닥치는 대로 노래하며 돈을 벌어야 했습니다.

그런 삶에 지치고, 좌절을 느끼던 어느 날 아침, 은행에서 잔액 초과 고지서가 날아왔습니다. 순간 그녀는 하나님께 원망했습니다. "하나님께 내 인생을 드리기로 약속했지만, 내 꼴 좀 보세요. 하나님, 더 이상 하루도 살 수 없어요. 이제는 더 이상 못하겠어요, 하나님 당신의 약속은 다 어떻게 된 겁니까? 우리에게 이런 일이 일어나다니 믿을 수가 없어요."

이런 숨 막히는 좌절감 속에서 갈급한 심정으로 성경을 읽고 있었는데 시편 97~100편에서 강력한 살아있는 말씀으로 다가왔습니다. 바로 피아노 앞에 앉아서 20분 만에 흘러나와 완성된 곡이 바로 '내 구주 예수님' 입니다.

당시 이 곡을 들은 담임 목사는 이 곡이 전 세계에 불릴 것이라 격려했고, 결국 그렇게 실현되었습니다. 달렌은 하나님께 자신을 드리는 과정에서 고통과 좌절을 통해 깨어짐을 경험했습니다. 그러나 그 과정에서 하나님은 그녀를 보석과 같이 연단하셨고, 결국 그녀를 전 세계에 영향을 미치는 예배사역자로 세우셨습니다.

사실 우리가 드리는 예물의 결과를 기대하고 드리는 것은 너무 계산적입니

MEMO

다. 그러나 예배는 일방적인 드림이 아닙니다. 하나님과 우리 사이의 양방향 교제입니다. 하나님 앞에 자신을 깨뜨린 자들을 하나님은 상상도 못할 방법으로 들어 올리십니다. 우리가 예배를 통해 옥합을 깨뜨릴 때, 내가 가장 소중하게 여기는 것을 내려놓을 때, 내 자아를 깨뜨리고 내 세상적 가치관을 깨뜨릴 때 주께서 우리를 높여주십니다. 그리고 우리의 헌신이 온 세상에 흘러가도록 열어주십니다. 이것이 예배 안에서 누리는 드림의 축복입니다.

Q. 예배묵상 2 : 하나님께 '드림'은 아까움이 아니라 축복이다. 나는 지금까지 드림을 무엇으로 여겼는가?

14일(금) 극단적인 드림

오늘의 묵상구절

"여호와께서 가라사대 네 아들 네 사랑하는 독자 이삭을 데리고 모리아 땅으로 가서 내가 네게 지시하는 한 산 거기서 그를 번제로 드리라." _ 창 22:2

MEMO

성경에 등장하는 드림의 최고봉을 꼽는다면 나는 주저하지 않고 아브라함의 모리아 산의 제사를 들고 싶습니다.

많은 목회자들이 아브라함이 아들 이삭을 제물로 바칠 뻔한 이 사건을 다루면서 아브라함을 지나치게 신격화 하는 경향이 있습니다. 학자들도 이해할 수 없는 명령에 조용히 그리고 신속한 행동으로 응답하는 아브라함의 초이성적인 순종을 부각시킵니다.[24] 그래서 우리같이 평범한 인간은 도저히 드릴 수 없고, 비슷하게 흉내도 낼 수 없는 지고한 제사행위로 말입니다.

그러나 아브라함의 이 극단적인 드림에 너무 기죽을 필요 없습니다. 만일 100세가 아닌 2, 30대 때 아들을 바치라는 명령을 받았다면 아브라함도 아마 펄쩍 뛰었을 것입니다. 그 긴 세월이 그의 믿음을 숙성시켜주었기에 마지막까지 순종할 수 있었습니다.

그럼에도 불구하고 이 모리아 산 예배는 공진수가 '사람이 드릴 수 있는 최고의 예배'[25]라고 말한 것처럼, 인류 역사상 그 어떤 예배와도 비교할 수 없는 최상의 예배입니다.

공진수 목사는 모리아 산 예배의 재료를 아브라함의 번뇌로 보았습니다. 목회자의 가슴이 묻어있는 실감나는 해석입니다. 모리아 산으로 떠나기 전날 밤 아브라함은 그의 인생에서 가장 고통스럽고 가장 긴 번민의 밤을 보냈을 것입니다.

왜냐하면 이 명령은 아브라함의 이성으로는 도무지 납득할 수 없는 난제였기 때문입니다. 일단 생명의 존엄성을 강조하는 하나님의 속성과 부딪히고[26], '네 몸에서 태어날 아들이 너의 상속자'가 될 것이며, 그래서 아브라함을 '여러 민

MEMO

족의 조상'으로 삼으시겠다[27]는 하나님의 약속과 정면으로 모순되기 때문입니다.[28]

그러나 아브라함은 지난 100년 동안 경험한 하나님의 성품상, 분명 숨은 뜻이 있음을 감지하고 있었습니다. 성숙한 노장의 예민한 영적 분별력으로 이미 '순종'하겠다는 흔들림 없는 마음의 결단을 내렸습니다. 그러니 다음 날 이른 새벽부터 일말의 망설임도 없이 3일 길을 떠나지 않았습니까?

그런데 아들인 이삭은? 아버지인 자신은 순종할 수 있는데 아무것도 모르는 아들은 어찌할 것입니까? 이것이 그를 무너뜨렸을 것입니다. 나이 100세에 얻은 생명보다 귀한 약속의 아들, 배를 가르고 각을 떠서 제물로 태워야 하는 참혹한 제사의 희생양으로 몸부림치며 죽어갈 아들, 생각만 해도 끔찍합니다. 이 마음은 자식을 키워 본 이 땅의 아버지들만 이해할 수 있는 번뇌입니다. 그러니 모리아 산 예배의 제물은 하나가 아닌 둘입니다. 즉 '아들 이삭'과 '아버지의 번민'입니다.

---

24) 호크마 종합주석, 창세기-민수기 (기독지혜사, 1997), p. 444.
25) 공진수, 예배드림 (두란노, 2008), p. 67.
26) 창 9:4-6, 그러나 고기를 먹을 때에, 피가 있는 채로 먹지는 말아라. 피에는 생명이 있다. 생명이 있는 피를 흘리게 하는 자는 내가 반드시 보복하겠다. 사람이 같은 사람의 피를 흘리게 하면, 그에게도 보복하겠다. 사람은 하나님의 형상대로 지음을 받았으니, 누구든지 사람을 죽인 자는 죽임을 당할 것이다. (표준새번역)
27) 창 17:4, "나는 너와 언약을 세우고 약속한다. 너는 여러 민족의 조상이 될 것이다." (표준새번역)
28) 창 15:4, 주께서 그에게 말씀하셨다. "그 아이는 너의 상속자가 아니다. 너의 몸에서 태어날 아들이 너의 상속자가 될 것이다." (표준새번역)

MEMO

"아브라함은 시험을 받았을 때 믿음으로 이삭을 바쳤습니다. 그는 많은 후손을 보게 될 것이라는 하나님의 약속을 받은 사람인데도 하나밖에 없는 외아들을 바친 것입니다. 하나님은 아브라함에게 "이삭을 통해서 난 사람이라야 네 후손으로 인정될 것이다"라고 말씀하셨습니다. 아브라함은 하나님께서 죽은 사람들까지도 다시 살리실 수 있다고 믿었습니다. 말하자면 아브라함은 죽은 사람들 가운데서 이삭을 다시 받은 셈입니다." _ 히 11:17-19, 현대인의성경

이 히브리서 말씀에 의하면 아브라함은 이삭의 부활에 대한 믿음 하나에 모든 생각과 마음, 행동을 걸었습니다. 류모세는 이를 '아브라함은 모리아 산에서 독자 이삭의 죽음과 삶을 이미 보았다'[29]고 표현했습니다.

그래서 사흘 길을 걷고, 모리아 산을 올라, 제단을 쌓고, 이삭을 묶어 올려놓고, 칼을 들어 내려치기 직전까지의 그 모든 과정에서 일체의 지체함도 없었습니다. 그 어떤 두려움이나 원망, 피해망상도 없었습니다. 오히려 너무나도 침착하고, 신뢰에 가득한 모습으로 이 극단적인 명령에 1초의 망설임도 없이 실행했습니다.

아브라함의 이러한 지체 없는 순종에 오히려 다급해진 분은 하나님이셨습니다. 제단위의 이삭을 향해 칼을 내리치려는 찰나 "아브라함아, 아브라함아!" 다급하게 부르셨습니다. 게다가 연거푸 두 번씩이나 "그 아이에게 손을 대지 말아라! 그 아이에게 아무 일도 하지 말아라!"[30] 소리치셨습니다.

나는 성경에서 하나님께서 이렇게 당황하고 이렇게 서두르시는 장면을 본 일

MEMO

이 없습니다. 하나님은 천사를 통해 순간의 지체도 없이 아브라함의 결행을 막아셨습니다. 그리고 다급하지만 형용할 수 없는 인자와 사랑이 가득 담긴 음성으로 아브라함에게 속삭였습니다.

> **"네가 너의 아들, 너의 외아들까지도 나에게 아끼지 아니하니 네가 하나님 두려워하는 줄을 내가 이제 알았다."** (창 22:12 하반절, 표준새번역)

하나님은 아브라함의 마음을 최종적으로 확인하셨습니다. 아브라함도 시험을 통과하는 극적인 반전을 경험했습니다. 결국 아브라함은 하나님께서 미리 준비해 두신 수풀에 뿔이 걸려 있던 숫양을 잡아서 아들 대신 번제를 드렸습니다.

제사의 결과, 하나님은 아브라함에 대해 상당히 친근한 고백을 하십니다. 즉 "내가 이제 알았다"에서 "알았다"의 히브리어 야다는 '다른 사람과 인격적이며 친숙한 관계를 맺다'를 의미합니다. 이 친밀한 앎은 일방통행이 아니라 쌍방통행입니다. 아브라함도 이 사건을 통해 하나님을 더욱 깊이 알게 되었을 것입니다.

> **"너희 조상 아브라함은 나의 때 볼 것을 즐거워하다가 보고 기뻐하였느니라."**(요 8:56)

---

29) 류모세, p. 22. 이스라엘 파송선교사인 류모세는 이스라엘에서 10년 넘게 사역하면서 성전 역사는 물론 관련된 현장의 생생한 자료들을 《열린다 성경, 성전이야기 편》에서 잘 보여준다. 그는 이스라엘 역사를 넘어 성경과 기독교 역사 전체에서 모리아 산이 차지하는 중요한 의미와 가치를 자세하고 실감나게 설명해주었다.
30) 창 22:12 상반절, 표준새번역

MEMO

학자들은 예수께서 하신 이 말씀을 근거로, 아브라함은 이미 예수의 구속사역을 알고 있었을 것이라고 봅니다. 창세기 18:17에 "내가 앞으로 하려고 하는 일을 어찌, 아브라함에게 숨기랴?"(표준새번역) 하신 말씀처럼 하나님 자신의 계획을 아브라함에게 숨기지 않으시겠다고 하셨습니다. 그래서 아브라함은 구약 곳곳에서 하나님의 방백(창 23:6), 하나님의 벗(사 41:8, 약 2:23)으로 언급되었습니다.

하나님은 이미 오래 전에 아브라함을 택하셔서 그를 복의 근원 삼으시겠다고 약속하셨습니다. "내가 너로 큰 민족을 이루고 네게 복을 주어 네 이름을 창대케 하리니 너는 복의 근원이 될지라."(창 12:2) 그러나 이 약속이 아브라함의 삶속에 구체화되기까지는 오랜 시간이 걸렸습니다.

결국 하나님께서 "네가 하나님 두려워하는 줄을 내가 이제 알았다"(창 22:12 하반절, 표준새번역)고 최종 확증된 결정적인 사건이 바로 이삭을 드린 사건입니다. 이 극단적인 드림으로 아브라함은 진정한 복의 근원이 된 것입니다.

> Q. 예배묵상 : 아브라함의 극단적인 드림의 배후에는 하나님에 대한 믿음과 신뢰, 그리고 사랑이 있었다. 인생의 어느 결정적인 시점에서 하나님께서 우리에게 이러한 드림을 요구하실 때가 있다. '복의 근원'이 되게 하시기 위해... 그때 내가 극단적인 드림을 드릴 수 있으려면 지금부터 무엇을 준비해야 하는가?

MEMO

Ⅲ. 적용

　예배를 드리며 받을 생각만 하는 어린 아이와 같은 신앙에서 하나님께 드리는데 더 집중하는 성숙한 신앙으로 자라가야 합니다. 드릴 때 더욱 채워집니다. 이것이 기독교의 역설입니다.

MEMO

5th week

제3법칙 '반응'

예배는 믿는 이들의 반응입니다.
예배자의 모든 것, 즉 마음, 감정, 의지
그리고 몸 모두를 하나님과 하나님이 말씀하시는 것과
하나님이 하신 일에 반응하는 것입니다.
예배는 하나님을 경외함으로부터
균형을 잡은 사랑스런 반응이며
성도가 하나님을 더욱 알기 위해 나아가는 더 깊은 반응입니다.

– 웨렌 바이숍

I. 도입

"하나님은 영이시니 예배하는 자가 신령과 진정으로 예배할지니라." (요 4:24)

"예배는 그것이 어떤 수준과 형태를 취하고 있던지 간에 창조주 하나님에 대한 피조물의 응답이다." –에버린 언더힐

"예배는 영적이고 극적인 축제이다." –랄프 마틴

"예배는 하나님의 모든 것에 대하여 합당하게 반응하는 인간의 모든 것이다." –존 맥아더

"예배는 예수 그리스도에게 드러난 하나님 자신의 인격적인 계시에 대한 인

MEMO

간의 인격적이며 신앙 안에서의 정성어린 응답이다. 예배는 정의 대신 오직 경험될 수 있을 뿐이며, 역사 속의 하나님의 행위에 대한 축하가 그 본질이다." -프랭클린 세글러

II. 주중 과제

어떻게 하면 예배의 선수인 회중이 성령 안에서 자발적이고, 주도적으로 하나님께 반응할 수 있을까요? 매일 해당되는 묵상 과제를 꼭 읽고 노트합시다.

16일(월) 찬양으로 반응하라

오늘의 묵상구절
"이 백성은 내가 나를 위하여 지었나니 나의 찬송을 부르게 하려 함이니라." _ 시 89:5

하나님께 드리는 최상의 반응은 찬양과 경배입니다. 찬양은 단순한 음악적 표현을 넘어서는 포괄적인 개념입니다. 즉 우리는 하나님께 기도, 노래, 선포, 몸 등을 사용하여 찬양할 수 있습니다. 그래서 성경은 예배와 찬양을 매우 밀접

MEMO

한 관계로 다룹니다. 초대교회 예배시 찬양은 공동체를 하나되게 하는 매우 중요한 행위였습니다.

> **"한 마음과 한 입으로 하나님 곧 우리 주 예수 그리스도의 아버지께 영광을 돌리게 하려하노라"**_ 롬 15:6

성도가 공예배에 모여 한 목소리로 하나님을 찬양하는 것은 성령 안에서 한 호흡을 이루고 나아가 그리스도 안에 한 몸을 이룸으로써 진정한 교회가 된다는 것이 초대교회의 음악에 대한 신학적 이해였습니다.[31)]

찬양의 능력은 수많은 고백과 간증으로 입증되고 있습니다. 저도 80년대에 찬양을 통해 하나님을 만났고, 예배를 배우고, 하나님의 임재를 경험했으며, 제 인생의 좌표가 결정되었습니다. 그 이후 지난 30년 동안 찬양의 현장에서 상처가 치유되고, 절망을 극복하고, 원수를 사랑하고, 병이 낫고, 인생이 역전되는 수많은 역사를 두 눈으로 목도해왔습니다.

개인의 변화만이 아닙니다. 60년대 서구교회, 80년대 한국교회에서 일어난 이 찬양운동은 기독교 신앙의 지형도를 변화시킬 만큼 강력한 파장을 지닙니다. 찬양은 해도 되고 안 해도 되는 선택사항이 아니라 인간 존재의 본질입니다.(사 43:21) 하나님은 본질적으로 찬양받기에 합당하신 분이십니다.

---

31) 김정, 초대교회 예배사, p. 44.

MEMO

"큰 음성으로 가로되 죽임을 당하신 어린 양이 능력과 부와 지혜와 힘과 존귀와 영광과 찬송(praise)을 받으시기에 합당하도다 하더라." _ 계 5:12

그래서 성경의 곳곳에 찬양하라는 명령이 넘쳐납니다. '찬양'으로 번역되어 사용되고 있는 히브리 단어만 해도 족히 50개를 넘습니다. 헬라어도 약 20여개 나 됩니다. 이 가운데 가장 자주 사용되는 몇몇의 단어만 이해해도 찬양의 본래 적 의미를 알고 예배하는데 큰 도움이 될 것입니다.

할랄

성경에서 찬양이라는 의미로 가장 많이 사용되는 단어는 할랄입니다. 이 단 어가 가장 많이 사용되는 의미는 '자랑하다', '칭찬하다', '바보스러울 정도로 시끄럽게 하다'의 뜻을 갖습니다. 구약에서 165회나 사용되었습니다.

"할렐루야 그 성소에서 하나님을 찬양(할랄)하며 그 권능의 궁창에서 그 를 찬양(할랄)할지어다." _ 시 150:1

이는 찬양이 단순히 '음악'적인 행위만이 아니라는 것입니다. 찬양하는 대상 에 대한 이해 없이 찬양은 불가능합니다. 찬양의 성패는 하나님을 얼마나 자랑 하고 칭찬했는가에 있습니다. 그러려면 하나님에 대해 알아야 합니다. 하나님 께서 내 삶 가운데 동행하신 것에 대한 경험이 있어야 합니다.

MEMO

이스라엘과 블레셋의 전장에서 골리앗은 하나님의 백성을 깔보고 무시했습니다. 그때 다른 백성들도 하나님을 믿고 수치심을 느끼고 있었습니다. 그러나 오직 다윗만이 하나님의 군대가 모욕 받는 것을 참지 못했습니다. 다윗은 목자로 양을 치면서 사자의 공격을 물리칠 때 함께 하셨던 하나님에 대한 체험신앙이 있었습니다. 그 사실을 너무나 잘 알고 있었기 때문에 다윗은 거룩한 울분이 일어났던 것입니다. '할랄'의 찬양을 하려면 일상의 삶 속에서 하나님과 동행하며 그분을 경험하는 과정이 필수적입니다.

김명환은 그의 책 《찬양의 성》에서 흥미 있는 이야기를 했습니다. 문법적으로 '할랄'과 동족어 관계에 있는 '아틀랄루'(외치다, 자랑하다), '슬룰루'(환호하다, 소리치다)의 발음이 '룰루, 랄라'와 비슷하다는 재미있는 지적입니다. 즉 즐거움, 기쁨을 표현할 때 사용하는 '랄랄라', '룰룰루'와 같은 표현이 세계적으로 공통어라는 것입니다. 그래서 '할렐루야'는 세계 어느 나라 사람도 쉽게 따라할 수 있는 발음이며, 이 단어 자체가 하나님을 찬양하는 기쁨과 즐거움을 지닌다는 것입니다.

테힐라

테힐라는 할랄에서 파생된 단어로써 어떤 사람이나 사물의 질이나 속성 가운데 '칭찬 받을 만한 행위'나 그 행위자의 '찬송과 영광을 받기에 합당한 행위'를 의미합니다.

"여호와여 신 중에 주와 같은 자 누구니이까? 주와 같이 거룩함에 영광스

MEMO

러우며 찬송(테힐라)할만한 위엄이 있으며 기이한 일을 행하는 자 누구니
이까?" _ 출 15:11

때로는 하나님을 공개적으로 찬양하거나 영광을 선포하는 말 또는 노래를 의
미하기도 합니다.

"이스라엘의 찬송(테힐라) 중에 거하시는 주여 주는 거룩하시니이다." _
시 22:3
"대회 중에 나의 찬송(테힐라)은 주께로서 온 것이니 주를 경외하는 자 앞
에서 나의 서원을 갚으리이다." _ 시 22:25

또한 하나님을 높이는 '노래'를 지칭하는 전문 음악 용어로도 사용됩니다.

야다

구약에서 144회나 사용되는 야다의 기본 의미는 '죄, 하나님의 품성과 역사,
혹은 인간의 특성을 시인하다 혹은 고백하다'입니다. 야다와 할랄의 기본적인
차이는 후자가 '갈채하다, 자랑하다'를 강조하는 경향이 있는 반면, 야다는 좋
든 나쁘든 어떤 사실에 대한 '인정'과 '선언'을 강조합니다. 구약에서 '고백하
다', '두 손을 들고 경배하다'의 의미로서 찬양과 관련되어 2번째로 많이 등장
하는 단어입니다.

MEMO

"내가 이르기를 내 허물을 여호와께 자복(야다)하리라 하고 주께 내 죄를 아뢰고 내 죄악을 숨기지 아니하였더니 곧 주께서 내 죄의 악을 사하셨나이다(셀라)" _ 시 32:5

이 단어는 히브리 시에서 언제나 할랄(찬양하다), 자마르(악기로 찬양하다), 룸(높이다), 자카르(기억하다), 카밧(찬양하다), 그리고 나갓(선언하다)과 같은 찬양 용어들과 병행되어 나옵니다.

"여호와여 주의 기사를 하늘이 찬양할 것이요 주의 성실도 거룩한 자의 회중에서 찬양하리이다." _ 시 89:5

토다

'감사', '감사 찬송', '감사제', '고백'을 뜻하는 토다는 구약 성경에 32회 등장합니다. 야다에서 파생된 이 단어는, 기본적으로 죄나 하나님의 성품, 사역에 대한 '고백'의 의미를 갖고 있으며, 모두 희생제사와 관련된 구절에서 사용되었습니다.

"감사(토다)로 제사를 드리는 자가 나를 영화롭게 하나니 그 행위를 옳게 하는 자에게 내가 하나님의 구원을 보이리라." _ 시 50:23

희생 제사가 하나님에 대한 찬양의 고백을 수반할 때는 기쁨을 표현한다.

MEMO

"우리가 감사(토다)함으로 그 앞에 나아가며 시로 그를 향하여 즐거이 부르자" _ 시 95:2 "내가 노래로 하나님의 이름을 찬송(할랄)하며 감사(토다)함으로 하나님을 광대하시다 하리니, 이것이 소 곧 뿔과 굽이 있는 황소를 드림보다 여호와를 더욱 기쁘시게 함이 될 것이라." _ 시 69:30-31

감사의 마음이 없는 찬양은 반쪽짜리 찬양입니다. 찬양은 이미 큰 일을 이루신big done 하나님에 대한 감사의 반응입니다. 아울러 지금도 내 삶의 모든 영역에서 구원의 놀라운 역사를 이루어 나가시는big doing 그분의 행하심을 높이는 것입니다.

바락

바락은 '축복하다', '무릎 꿇다' 라는 뜻을 갖고 있습니다. 구약 성경에서 '축복한다' 는 것은 '성공, 번영, 생산, 장수 등을 위한 능력을 부여한다' 는 의미입니다. 여기에는 부여하는 과정과 부여 받는 상태가 모두 포함되어 있습니다. 또한 바락은 무릎 꿇는 것과 축복, 복 받는 것은 밀접한 관계가 있음을 보여줍니다.

"오라 우리가 굽혀 경배하며 우리를 지으신 여호와 앞에 무릎을 꿇자 대저 저는 우리 하나님이시요 우리는 그의 기르시는 백성이며 그 손의 양이라 너희가 오늘날 그 음성을 듣기를 원하노라." _ 시 95:6

찬양은 단순히 하나님을 높이는 일방적인 행위 자체로 끝나지 않습니다. 그

MEMO

것은 하나님과 성도의 만남의 현장에서 일어나는 가장 고귀한 교감 언어입니다. 하나님의 모든 부귀와 영화, 신적 권위와 통치 능력에 연결되는 영적 통로입니다. 그래서 필립 얀시의 고백처럼 찬양은 인간의 지위를 낮추는 게 아니라 완성시키므로 무릎을 꿇는 순간 더 크게 성장하게 해줍니다. 우주에서 자신의 자리와 하나님의 좌표를 정확하게 설정할 수 있게 된 덕분입니다.[32]

그러므로 찬양의 현장에는 항상 축복의 현상이 드러납니다. 단순한 물질적 축복을 넘어 하늘의 각양각색의 '온갖 좋은 선물과 모든 완전한 은사가 위에서 곧 빛들을 지으신 아버지께로부터'(약 1:17) 예배자에게 주어집니다. 그래서 성도의 찬양에는 하나님의 부요하심을 인정하는 축복bless과 동시에 그 부요함을 누리기에 부족함 없도록 무릎 꿇는 겸손함이 묻어있어야 합니다.

이상의 단어에서 알 수 있듯이 찬양은 단순히 음악적 행위만을 의미하지 않습니다. 음악적 탁월성보다 오히려 하나님에 대한 자랑, 칭찬, 고백, 인정, 감사 등과 같은 관계의 측면이 우선합니다. 결국 예배의 승패는 하나님과의 관계, 즉 인격적 교제의 깊이에 달려있다는 말입니다. 진정한 찬양은 하나님과 동행하며 그분을 경험하는 삶의 산물이요, 그 결과 하나님을 자랑하고 높이고 인정하는 최고의 반응인 것입니다.

---

32) 필립 얀시, 하나님께 가는 가장 쉽고도 어려운 길, 기도 (청림출판, 2007), p. 581.

MEMO

Q. 예배묵상 : 찬양에 관한 5가지 히브리어 용어에 대해 읽었다. 나에게 가장 다가오는 히브리어는 무엇인가? 왜 그 히브리어가 나에게 의미가 있는가?

나는 찬양할 때 음악에 더 영향을 받는가? 아니면 하나님과의 관계와 인격적 교제에 더 집중하는가?

17일(화) 노래로 반응하라

오늘의 묵상구절

"이제 내 머리가 나를 두른 내 원수 위에 들리리니 내가 그 장막에서 즐거운 제사를 드리겠고 노래하여(sing) 여호와를 찬송하리로다." _ 시 27:6
"오라 우리가 여호와께 노래하며(sing) 우리 구원의 반석을 향하여 즐거이 부르자" _ 시 95:1

한민족은 유난히 노래를 좋아합니다. 하늘나라 백성을 닮아서 그런 모양입니다. 저 천국에는 날마다 찬양이 넘쳐납니다.

MEMO

"이 일 후에 내가 보니 각 나라와 족속과 백성과 방언에서 아무라도 능히 셀 수 없는 큰 무리가 흰 옷을 입고 손에 종려 가지를 들고 보좌 앞과 어린 양 앞에 서서 큰 소리로 외쳐 가로되 구원하심이 보좌에 앉으신 우리 하나 님과 어린 양에게 있도다 하니"_계 7:9,10

그리스도인의 노래에 대해 릭 워렌이 가슴에 다가오는 언급을 했습니다.

"우리의 사랑을 표현하는 가장 좋은 방법 중의 하나가 바로 노래입니다. 왜냐하면 음악은 우리의 마음으로부터 나오기 때문입니다. 그래서 세상에는 수많은 사랑 노래love song가 있습니다. 기독교는 믿음을 노래로 표현합니다. 왜냐하면 기독교는 종교가 아닙니다. 연애 사건love affair입니다. 우리를 너무 사랑하셔서 하나 뿐인 독생자의 목숨까지 주신 하나님과의 사귐입니다. 그 하나님께서 우리와 사랑을 회복하시기를 원하십니다. 그래서 우리 성도들에게 노래와 찬양보다 더 하나님의 임재와 사랑을 느끼게 해 주는 것이 없습니다."

어떤 사람은 하나님께 찬양하는 것에 매우 소극적입니다. 그 이유는 음악에 문외한이기 때문입니다. 그래서 찬양할 때 따라하지 않습니다. "나는 노래를 잘 못해요"라고 말할 수 있습니다. 괜찮습니다.

"온 땅이여 하나님께 즐거운 소리를 발할지어다."_시 66:1

여기에서 '즐거운 소리'의 영어 번역본을 보면 "make a joyful noise"입니다. 즉 '즐거운 소음'입니다. 마치 축구경기장이나 운동경기에서 환호하는 것

MEMO

처럼 하나님을 찬양할 때 꼭 정확한 음정으로 노래해야만 하는 것은 아닙니다. 때로는 큰 소리로 찬양하라고 합니다.

> "그핫 자손과 고라 자손에게 속한 레위 사람들은 서서 심히 큰 소리로 이
> 스라엘 하나님 여호와를 찬송하니라." _ 대하 20:19

이 말씀처럼 그저 기쁨으로 소리치면 됩니다. 악기 연주를 할 줄 아는 사람들은 찬양 밴드팀에 조인하십시오. 어떠한 악기라도 상관없습니다. 이왕 예배드리는 것, 그냥 소극적으로 앉아 있지만 말고 적극적으로 지원해서 악기로 예배드리십시오. 또한 꼭 교회 예배 때에만 찬양을 국한하지 말고, 걸어 다니면서, 운전하면서, 침실에서도 기쁨을 노래로 표현하십시오.

Q. 예배묵상 1 : 예배 시 찬양할 때 나는 어떻게 반응해왔는가? 하나님을 향한 내 '노래'의 온도계는 뜨거운가(hot), 차가운가(cold), 아니면 그저 미지근한가(warm)?

MEMO

회중찬양은 노래의 화답이다

바울은 노래를 '시와 찬미와 신령한 노래' 등 셋으로 구분했습니다.

> **"시와 찬미와 신령한 노래들로 서로 화답하며 너희의 마음으로 주께 노래하며 찬송하며"** _ 엡 5:19

E. 로제Lohse는 이 구절에서 사용된 세 가지 용어간의 차이점을 정확하게 구별하기란 불가능하다고 지적했지만, 분명한 것은 성령의 영감에 의해 불린 모든 노래를 의미하는 것입니다. 오늘날로 말하면 하나님께서 행하신 일에 대한 고백, 높이는 찬양이나 연주, 찬송가, 경배와 찬양 등으로 이해하면 됩니다.

여기에서 '서로 화답하며' 라는 표현을 주목합시다. 영어 KJV에서는 'speaking to one another in psalms and hymns and spiritual songs' 즉 하나님을 향한 다양한 노래들을 서로 화답하며 찬양하라는 것입니다. 이러한 화답의 찬양은 구약 예배에서도 발견할 수 있습니다.

> **"서로 찬송가를 화답하며 여호와께 감사하여..."** (에스라 3:11 상반절)

예배음악은 서로 화답하는 것이 중요합니다. 즉 일방적인 연주performance가 아닌 상호 주고 받는interactive 노래요 음악입니다. 즉 성도가 한 마음으로 함께 부를 수 있는 노래 말입니다. 여기에서 '함께 부를 수 있는 찬양' 이 무엇입니까? 바로 예배찬양입니다.

MEMO

그래서 예배 시 함께 부르는 회중 찬양은 가능하면 성도가 잘 알고 익숙한 찬양이어야 합니다. 그렇지 못하면 화답하는 찬양이 아닌 일방적으로 연주하는 찬양으로 남습니다. 그럴 때 회중은 찬양으로부터 유기(遺棄)됩니다. '유기'의 뜻은 '내다 버림', '보호할 사람이 보호받을 사람을 돌보지 않는 일'입니다. 그래서 하나님의 심판 가운데 가장 무서운 징벌이 유기입니다.

예배의 선수가 되어야 할 회중이 찬양팀에 의해서 유기된다는 것은 찬양팀이 회중을 외면하는 것입니다. 이는 거꾸로 찬양팀이 자신의 역할을 직무유기 하는 것입니다.

Q. 예배묵상 2 : 우리교회의 찬양은 회중과 화답하는 회중찬양에 가까운가? 연주하는 노래에 가까운가? 나누어보자.

회중이 찬양팀으로부터 분리 또는 유기되었다는 느낌이 든적이 있는가?

MEMO

18일(수) 감사로 반응하라

오늘의 묵상구절

"감사로 제사를 드리는 자가 나를 영화롭게 하나니 그 행위를 옳게 하는
자에게 내가 하나님의 구원을 보이리라" _ 시 50:23

구약시대에 '감사'는 제사와 상당히 밀접한 관계가 있습니다. 이스라엘 백성
이 예배드리기 위해 성전을 향해 나아갈 때마다 드린 감사 찬송이 있습니다.

"감사함으로 그 문에 들어가며 찬송함으로 그 궁정에 들어가서 그에게 감
사하며 그 이름을 송축할지어다." _ 시 100:4

시편 기자는 하나님께 나아가는 길을 '감사'로 표현합니다. 제사드릴 때 그
제사 행위가 온전히 하나님을 영화롭게 하는 비결이 '감사'라고 했습니다.

"감사로 제사를 드리는 자가 나를 영화롭게 하나니..." _ 시 50:23

예배를 드리기 위해 모인 회중 가운데 '감사' 행위는 두드러집니다.

"내가 입으로 여호와께 크게 감사하며 무리 중에서 찬송하리니" _ 시
109:30,

MEMO

"할렐루야 내가 정직한 자의 회와 공회 중에서 전심으로 여호와께 감사하리로다." _ 시 111:1

시편 50편에서도 주께서 원하시는 제사를 '감사'라고 했습니다.
"감사로 하나님께 제사를 드리며 지극히 높으신 자에게 네 서원을 갚으며, 환난 날에 나를 부르라 내가 너를 건지리니 네가 나를 영화롭게 하리로다." _ 시 50:14,15

이 구절을 표준새번역에서는 "너희가 하나님에게 가져 올 참 제사는 감사하는 마음"이라고 번역했습니다. 구절마다 하나님의 백성이 함께 모이는 제사, 예배 모임 때에 감사를 강조하고 있습니다.

이렇게 감사는 예배의 문을 여는 행위요 반응입니다. 우리는 예배드릴 때마다 '감사함으로 예배의 문'으로 들어가는 것입니다. 하나님께 무조건 울부짖고 고함치고 간청하고 요구한다고 하나님께 나아갈 수 있는 것이 아닙니다.

영국의 작가 아이작 윌턴Issac Wilton은 말했습니다.

"하나님이 거하시는 곳은 두 곳입니다. 한 곳은 천국이요, 또 다른 곳은 겸손하고, 감사하는 마음입니다."

감사할 때 우리는 하나님을 경험합니다. 이토록 평범하면서도 쉬운 길이 우리 앞에 열려있습니다. 그럼에도 불구하고 수많은 사람들이 성전 뜰만 밟고 돌아갑니다. 예배의 지성소인 하나님의 보좌를 경험하지 못합니다. 이는 '감사'를 등한히 여기는 태도 때문입니다. 감사로 예배의 문을 엽시다.

MEMO

Q. 예배묵상 : 감사는 예배와 직결되는 반응이다. 감사는 예배의 문을 여는 만능열쇠다. 예배드리기 위해 교회 가는 내 발걸음에 감사가 있는가? 예배 드릴 때 내 마음에 감사가 있는가?

지금 내 삶에 감사의 조건 5가지만 적어보자.

1.

2.

3.

4.

5.

하나님께 예배드리러 나올 때 이 감사의 조건으로 예배의 문을 열어보자

추가읽기
"성만찬은 반응의 정점"

개인적인 감사와 함께 공동체적인 감사의 반응도 있다. 그 정점에 바로 성만찬(Eucharist)이 있다. 이를 위해 기독교인이라면 기본 상식으로 알아둬야 할 예배의 4중 구조(Fourfold Structure)를 이해할 필요가 있다.[33]

많은 예배학자들이 회중예배 순서를 분류하는데 공통적으로 4중구조를 든

MEMO

다. 이 4중구조는 예배 디자인의 중요한 네 가지 축이 된다. 각각의 명칭은 예배학자마다 조금씩 다르긴 하지만 내용적인 면에서는 통일성을 보여준다. 블렌디드 예배로 대표되는 로버트 웨버의 4중구조를 살펴보자. 웨버는 그의 책 'Planning Blended Worship'에서 4중구조를 나아감, 말씀, 감사의 응답, 파송으로 보고 각 단계별로 구체적인 예배 디자인의 실제를 다루었다.[34]

이 4중구조는 초대교회 예배모임의 두 기둥인 말씀과 성례라는 2가지 요소를 중심에 두고 하나님께 나아가는 단계와 예배자를 세상으로 파송하는 2가지 단계를 포함하여 구성된다. 예배는 일종의 시공간 예술이다. 첫 시작부터 마지막 끝까지 모든 예배의 요소들은 이러한 4가지 예배 신학적 특성을 갖고 일정한 리듬과 방향으로 진행된다.

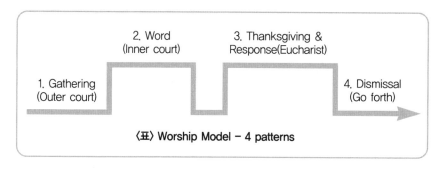

〈표〉 Worship Model - 4 patterns

---

33) 이유정, "예배 이렇게 디자인하라", 목회와 신학 총서 : 예배편(두란노 아카데미, 2011), p. 171~173을 참조 바람.
34) Robert E. Webber, Planning Blended Worship: The Creative Mixture of Old and New(Nashville: Abingdon Press, 1998)를 참조하라. 이 책 전체에서 4중구조의 신학적 원리와 그에 따른 현실 목회에서 적용할 수 있는 실제를 매우 구체적으로 다루고 있다.

MEMO

그 가운데 세 번째 단계인 감사의 응답(Thanksgiving & Response)은 오늘날 예배에서 거의 축소되었거나 아예 사라진 것이 사실이다. "진정한 예배는 하나님의 말씀을 듣고 반응하는 것이다"고 한 빌 레인(Bill lane)의 말처럼 '감사의 응답'은 어쩌면 진정한 예배의 단계로 들어가는 것이다. 이 단계의 요소는 말씀을 붙들고 하나님께 통성으로 반응하는 응답기도, 평화를 나누기(passing the peace), 헌금, 내적 회개, 헌신 찬양 등이 있겠지만, 가장 중요한 요소는 성만찬이다.

성만찬의 회복은 최근 예배학계에 뜨거운 감자이다. 오늘날 성만찬이 연례행사처럼 줄어든 것은 종교개혁자 츠빙글리 때문이다. 그는 제네바 교회에서 가톨릭의 잔재를 없애기 위해 성만찬을 년 1회로 줄였다. 뒤늦게 칼빈이 다시 성만찬을 회복하려고 했을 때는 이미 츠빙글리의 영향력에 빠져있던 제네바 의회가 전혀 움직이지 않았다. 종종 칼빈을 성만찬을 축소한 주범으로 여기는 경향이 있지만 큰 오해이다. 오히려 그는 기독교 강요에서 "사람들이 일 년에 한 번 성만찬에 참여하도록 한 관례는 분명히 악마의 농간이다. 주님의 만찬은 적어도 그리스도인들이 매주 한 번은 참여할 수 있도록 거행되어져야 한다"고 안타까운 자신의 입장을 분명히 피력했다.[35]

성만찬을 통해 우릴 위해 자신의 몸을 주시고, 물과 피를 쏟으신 예수님을 기념함으로 우리는 21세기 오늘에 살아계신 예수의 섬김과 낮아짐과 고난의 삶에 동참하는 것이다. 주님의 희생적 삶에 우리의 삶으로 반응하는 것이다. 그럴 때

---

35) 죤 칼빈, 기독교강요-하(생명의 말씀사, 1991), p. 515~520.

MEMO

예수의 임재와 연합을 더욱 온전히 경험하게 된다.

성만찬이든 응답의 기도와 헌신의 찬양이든 설교 이후의 '감사의 응답'은 오늘날 교회 갱신의 일차적인 과제라고 본다. 그렇지 않아도 예배가 지나치게 설교중심으로 흘러간다는 수많은 비판의 목소리가 한국교회에 들려오는 상황에서 '듣는' 예배를 극복할 수 있는 대안, 성도들이 말씀에 대해 '반응'할 수 있는 대안을 바로 이 '감사의 응답'에서 찾을 수 있어야 한다. 이를 성경과 예배신학의 틀 안에서 창조적이고 다각도로 개발하는 것이 향후 목회자와 평신도 모두가 풀어가야 할 시급한 숙제이다.

18일(목) 기쁨으로 반응하라

오늘의 묵상구절

"느헤미야가 또 이르기를 너희는 가서 살찐 것을 먹고 단 것을 마시되 예비치 못한 자에게는 너희가 나누어 주라 이 날은 우리 주의 성일이니 근심하지 말라 여호와를 기뻐하는 것이 너희의 힘이니라 하고"_느 8:10

예배는 아버지이신 하나님을 만나는 '기쁨'이 충만한 자리입니다. 그런데 많은 성도가 잘못된 기쁨으로 예배드립니다. 경배와 찬양 가운데 '감사함으로 그 문에 들어가며'란 곡이 있습니다. 이 곡의 후렴은 예배의 기쁨에 대해 매우 중요한 개념을 내포하고 있습니다. "주님의 기쁨 내게 임하네 나 항상 기쁨 안에서 주 찬양..."의 가사처럼 예배는 내 기쁨을 추구하는 것이 아니라 하나님의 기

MEMO

쁨을 추구하는 행위입니다.

> "주의 구원의 즐거움을 내게 회복시키시고, 자원하는 심령을 주사 나를 붙
> 드소서." _ 시 51:12

이 시에서도 다윗은 하나님의 구원의 기쁨이 회복되기를 간구하고 있습니다.
하나님은 본질적으로 기쁨이 충만하신 분이십니다. 달라스 윌라드는 '하나님
의 모략'에서 기쁨으로 충만하신 하나님을 이렇게 설명했습니다.

"하나님의 삶은 아주 신나는 삶이며 그분이 기쁨으로 충만해 있다는 사실이
다. 그분은 우주에서 가장 기쁘신 존재이며 그분의 넘치는 사랑과 관용은 그 무
한한 기쁨과 뗄 수 없다. 우리는 세상의 모든 선하고 아름다운 것들로부터 영혼
을 소생시키는 기쁨을 어쩌다 한번, 그것도 작은 물방울만큼만 들이마시며 살
지만, 하나님은 그 모든 깊이와 풍요를 끊임없이 경험하고 계신다."[36]

그런데 놀라운 것은 하나님이 기뻐하시는 가장 큰 이유가 바로 '성도'라는
점입니다. 우리는 종종 하나님에 대해 잘못된 선입관을 갖고 있습니다. 하나님
을 마치 우리에게 감당할 수없는 짐을 지워서 그동안 지은 끔찍한 죄의 무게를
해결하기 위해 자신을 학대하게 하시는 심술쟁이 신처럼 묘사합니다. 그러나
이는 우리를 향한 하나님의 마음을 철저하게 왜곡한 오해입니다. 예수님은 자
신이 누리는 기쁨, 하나님으로 비롯된 기쁨을 우리 안에 충만케 하시기를 원하

---

36) 달라스 윌라드, 하나님의 모략 (복 있는 사람, 2007), p.115.

MEMO

십니다.

"내가 이것을 너희에게 이름은 내 기쁨이 너희 안에 있어 너희 기쁨을 충
만하게 하려 함이니라." _ 요 15:11

예수님은 자신이 누리는 기쁨을 우리 안에 충만케 하시기를 원하십니다. 이
기쁨이 회복될 때 우리는 자원하는 심령이 회복됩니다. 교회 봉사, 목회, 선교
등 주의 일을 할 때도 지치고 힘들어 모든 것을 내려놓고 떠나고 싶을 때가 있
습니다. 그러나 이를 극복하는 지름길은 현장을 회피할 일이 아니라 구원의 기
쁨을 회복하는 것입니다. 이 기쁨은 '하나님의 기쁨'입니다. 이 기쁨이 이미 우
리 그리스도인에게 주어졌다고 성경은 선포합니다.

"땅에 있는 성도들은 존귀한 자들이니 나의 모든 즐거움이 그들에게 있도
다." _ 시 16:3

하나님이 느끼는 그 모든 즐거움(in whom is all my delight)을 우리에게도
누릴 수 있게 하신다니 놀라운 말씀입니다. 그 기쁨의 가장 주된 대상이 바로
성도인 저와 여러분입니다. 하나님께서 우리의 상태와 상관없이 있는 모습 그
대로를 기뻐하신다는 사실을 자녀를 키우면서 비로소 이해할 수 있었습니다.
아기는 사실 이기적인 존재입니다. 배고프면 울고, 기저귀 갈아 달라고 울고,
졸려도 징징댑니다. 자기밖에 모르니 부모의 입장을 배려하는 법이 없습니다.

MEMO

하지만 그럼에도 불구하고 사랑스럽습니다. 왜냐하면 바로 제가 낳은 자녀이기 때문입니다. 그것이 모든 부모의 심정입니다. 인간 아비도 그런데 하물며 하나님은 어떻겠습니까?

> "영접하는 자 곧 그 이름을 믿는 자들에게는 하나님의 자녀가 되는 권세를 주셨으니" _ 요 1:12

우리는 하나님의 자녀들입니다. 그래서 하나님은 우리가 연약함에도 불구하고 당신의 자녀라는 사실 하나 때문에 우리를 기뻐하십니다. 이 사실을 깨닫고 난 이후 제 삶에 변화가 일어났습니다. 자아상이 좋아지고, 감사와 기쁨의 찬양을 부르는 빈도수가 높아졌습니다. 스바냐 3:17 말씀도 이해가 되었습니다.

> "너의 하나님 여호와가 너의 가운데 계시니 그는 구원을 베푸실 전능자시라 그가 너로 인하여 기쁨을 이기지 못하여 하시며 너를 잠잠히 사랑하시며 너로 인하여 즐거이 부르며 기뻐하시리라 하리라." _ 스바냐 3:17

하나님께서 구원받은 '나' 때문에 기쁨을 이기지 못하신다는 믿을 수 없는 고백입니다. 이 표현은 표준새번역 성경에서 더욱 실감나게 나타납니다.

> "너를 보고서 기뻐하고 반기시고… 너를 보고서 노래하며 기뻐하실 것이다. 축제 때에 즐거워하듯 하실 것이다." _ 습 3:17 표준새번역

MEMO

현대어 성경은 한 술 더 뜹니다.

> "그가 너를 맞이하여 환호성을 올리며 기뻐 뛰시는 모습이 마치 명절 잔치
> 때와도 같으리라" _ 습 3:17 현대어성경

저는 이 표현도 부족하다고 생각합니다. 하나님의 기쁨은 우리가 누리는 기쁨과 비교할 수 없이 더 풍성하고 더 온전하십니다. 지금 하나님께서 자녀인 우리 자신을 기뻐하시는 모습을 상상해보십시오. 다음 내용을 세 번 반복해서 자신에게 말해보십시오. 확신에 가득한 목소리로 외쳐보십시오. "하나님은 당신의 자녀인 나 ○○○를(을) 기뻐하신다."

예배는 인간의 기쁨이 아닌 하나님의 기쁨을 회복하는 현장입니다.

나르시즘을 극복하라

하나님은 우리가 이 기쁨을 풍성하게 누리기를 원하십니다. 그런데 우리는 하나님의 기쁨보다 세상의 기쁨, 내 기쁨을 더 추구하는 경향이 있습니다. 우리 시대는 자기번영의 시대요, 나르시즘Narcissism의 시대입니다. 나르시즘은 한 마디로 자기를 기쁘게 하는 가치체계입니다. 대부분의 대중문화가 나르시즘을 쫓고 있습니다. 이 문화는 하나님 나라의 가치관과 정 반대입니다. TV, 인터넷, 영화, 가요, 팝 등 모든 대중문화에 이 가치관이 교묘하게 스며있습니다.

우리는 1주일의 거의 대부분의 시간을 이런 세상에서 살다가 주일 예배에 참석합니다. 그때 우리의 자기 중심성은 이타적이며 하나님 중심성인 예배와 정면

MEMO

충돌합니다. 그래서 예배가 지루하고, 찬양팀의 노래가 답답하고, 설교자가 고루해 보입니다. 예배의 성패도 나를 얼마나 만족시켰는가로 판가름 합니다. "오늘 찬양 너무 좋았어. 내 스타일이야" 이것은 예배가 아닙니다. 예배 받으셔야 할 분은 하나님이신데, 예배의 기준이 내 기분이요, 예배의 주인이 내 감정입니다. 단언컨대 이런 예배는 자기애요, 이런 모임은 이교적인 사교집단입니다.

예배는 '나'에서 '하나님'으로 바뀌는 시간입니다. "나를 기쁘게 해 주세요"가 아니라 "하나님, 당신을 기쁘게 해드리고 싶습니다." 더 나아가 인간의 말초적인 기쁨이 아니라 하나님께서 주시는 구원의 기쁨으로 바뀌는 시간입니다. 당신의 자녀인 우리를 너무나 기뻐하시는 하나님의 기쁨을 풍성히 누리는 사건입니다. "하나님의 기쁨에 나도 참여하기 원해요." 이것이 예배입니다.

> "내가 이것을 너희에게 이름은 내 기쁨이 너희 안에 있어 너희 기쁨을 충만하게 하려 함이니라." _ 요 15:11

Q. 예배묵상 : 하나님께서 자녀인 나를 얼마나 기뻐하실지 3분간 묵상해보라.

감사와 기쁨이 주제인 찬양을 한 두곡 고르라. 오늘 하루 동안 계속 가사를 묵상하고 찬양해보라. 예) 우리 함께 기뻐해, 기뻐하며 승리의 노래, 이 날은 주가 지으신 날, 감사함으로 그 문에 들어가며 등

MEMO

20일(금) 회개, 결단, 헌신으로 반응하라

오늘의 묵상구절

"화로다 나여 망하게 되었도다 나는 입술이 부정한 사람이요 입술이 부정한 백성 중에 거하면서 만군의 여호와이신 왕을 뵈었음이로다." _ 사 6:5

이사야 6장은 예배의 모형입니다. 이사야가 환상 중에 체험한 천국 보좌 앞의 예배 모습은 보좌의 위엄이 가득했습니다. 천군천사들의 합창과 음악의 장엄한 사운드는 성전 문지방이 흔들릴 정도로 압도적이었습니다. 그 가운데 거룩한 하나님의 임재체험을 통해 이사야 선지자는 자신의 참 모습을 직면합니다. 그것은 메트 레드만의 표현처럼 '망한 예배자'였습니다.

"화로다 나여 망하게 되었도다..." _ 사 6:5 상반절

그 동안은 그래도 자신의 예배가 이 정도면 충분한 줄 알았습니다. 자신의 신앙에 만족하며 살았습니다. 그러나 하나님의 거룩한 의 앞에 드러날 때 그것이 얼마나 사악한 것인지 깨닫게 되었습니다. 그 즉시 엎드려 자신의 죄를 고백했습니다.

"...나는 입술이 부정한 사람이요 입술이 부정한 백성 중에 거하면서 만군의 여호와이신 왕을 뵈었음이로다." _ 사 6:5 하반절

MEMO

엎드림은 회개의 외적 반응입니다. 죄 가운데에서도 특히 부정한 입술을 지목해서 고백했습니다. 이것은 회개는 구체적이어야 함을 보여줍니다.

이사야 6장 8절에서 이사야는 그때 어디에선가 들여오는 하나님의 음성을 들었다고 했습니다. "내가 누구를 보내야 좋을까? 누가 우리를 위하여 가려고 할까?" 그때 이사야가 다음과 같이 대답했습니다. "주님, 제가 가겠습니다. 저를 보내 주십시오."

이사야 선지자가 불평하고 원망할 때에는 주의 음성을 듣지 못했습니다. 그러나 부정한 입술이 숯불로 태워졌을 때 주의 음성을 들을 수 있었습니다. 이사야의 소명은 바로 이 자리에서 시작되었습니다. 이사야의 인생전체의 방향이 바로 이곳에서 바뀝니다.

똑같은 선지자였지만 하나님의 임재와 소명체험 없을 때와 소명체험이 있을 때의 차이는 엄청납니다. 이때부터 이사야는 능력의 선지자로서 그의 사명을 온전히 감당하게 됩니다. 마찬가지로 똑같은 크리스천이지만, 소명을 받은 크리스천과 그렇지 못한 크리스천에는 어마어마한 차이가 있습니다.

왜 사람의 소리를 듣고 넘어집니까? 실망하면서 낙심합니까? 그것은 이사야 선지자처럼 하나님의 음성을 듣지 못하고, 더러워진 입술이 숯불로 지져지지 않았기 때문입니다. 주의 말씀을 듣지 못한 사람은 자기 마음대로 살아갑니다. 주의 지시를 받지 못한 사람은 그 인생의 향방을 잃고 방황합니다.

우리에게는 2가지 부르심이 있습니다. 첫 번째는 그리스도인으로서의 부르심입니다. 두 번째는 특정한 사명과 사역에의 부르심입니다. 많은 성도가 첫 번째 부르심에 멈춰있습니다. 두 번째 부르심인 소명을 받아야 합니다. 사울이 다

MEMO

메섹 도상에서 예수를 만나고 회심한 이후 극복해야 할 큰 숙제가 하나 있었습니다. 그것은 회심 전에 예수의 제자들을 죽였던 전적이었습니다. 이 문제로 씨름할 때마다 하나님은 그에게 소명을 확인시켜주셨습니다. 바로 '이방의 사도'로 부르신 부르심입니다. 만일 바울이 부르심에 대한 분명한 확신이 없었다면 과거의 잘못에 대한 정죄감으로부터 평생을 헤어 나오지 못했을 것입니다. 이 부르심이 그를 회색빛 과거로부터 담대하게 빠져나올 수 있게 해주었습니다.

> **"예수 그리스도의 종 바울은 사도로 부르심을 받아 하나님의 복음을 위하여 택정함을 입었으니"** _ 로마서 1:1

이 부르심은 모든 성도에게 적용됩니다. 하나님의 부르심을 경험치 못한 사람은 결코 하나님 나라의 그 부요함을 이해할 수 없습니다. 세상과 하나님 나라에 양다리 걸치고, 허덕이며 사는 삶을 내려놓고, 한번 사는 인생, 예배 가운데 소명받고 헌신하는 복된 삶을 누립시다.

MEMO

Q. 예배묵상 : 나는 매주 예배드릴 때 하나님께 자백하고, 헌신하고, 결단하는 반응을 얼마나 자주 하는가?

위와 같은 반응이 거의 없다면 내 예배습관은 하나님께 반응하기보다 수동적으로 예배를 구경하고 있는 것이다. 예배에 적극적으로 반응하기 위해 내가 변해야 할 부분을 결단하고 적어보자.

추가읽기
"예배는 위험한 결단"

어느 추운 겨울, 단기선교 차 동역자 한 명과 중국을 방문한 적이 있다. 교회 지도자를 훈련하는 신학교에서 나는 예배의 본질과 사역의 원리를, 또 다른 지체는 드럼과 기타를 가르쳤다. 매일 새벽 5시부터 밤 10시까지 찬양, 말씀, 기도가 반복되었다. 시간마다 보여준 이들의 헌신과 열심에 오히려 가르치는 자가 더 큰 도전을 받았다.

내 강의를 통역할 때마다 40여명의 학생들이 "예!"로 화답했다. 한국교회에서는 일상처럼 무덤덤한 설교 한 마디 한 마디가 그들에게는 생명과도 같은 모

MEMO

양이었다. 십자가 예수를 향한 순도 백도의 사랑과 절대적 헌신이 내 마음을 뒤흔들었다. 화려하고 좋은 악기도, 음향 시스템도 없다. 그저 기타 하나로 반복해서 찬양하며 통성기도 하는데 성령의 진동이 느껴졌다.

한번은 강의를 마치고 소그룹 나눔의 시간을 가졌다. 각자 갖고 있는 상처를 오픈하느라 시간이 부족했다. 한 조씩 대표자가 나와서 발표를 하는데 12조 모두 상처 이야기다. 나중에 알게 되었지만 중국 젊은이들의 마음에 상처가 많다. 부모, 사회, 문화로부터 받은 상처가 말이 아니다.

13억 중국인구 가운데 1억 4천이 크리스천이다. 12억이 아직도 예수를 모른다. 유물론 이데올로기로 생명경시사상이 기저에 깔려있다. 만리장성 쌓기 위해 2~300만 명의 무고한 백성이 죽어갔다. 문화혁명 당시 언제 누구에게 고발되어 가족 전체가 몰살될지 모르는 위험 속에서 일단 나부터 살고보자는 생존전략으로 살다보니 공동체 정신보다는 철저한 개인주의 문화가 하나의 사회 현상으로 굳어졌다. 한 자녀 낳기 운동으로 홀로 자란 아이들이 남을 배려하지 않는 문화를 부추긴다.

이들에게 생명을 존중하고 남을 배려하며 이타적 희생정신을 강조하는 기독교는 전혀 새로운 공동체적 가치이다. 이들이 기독교인이 된 다는 것은 수백 년 문화를 거부하고 새로운 공동체 문화를 받아들이는 모험을 감수하는 것이다. 그래서 이들이 드리는 예배는 위험한 결단이다. 그러나 이들은 예배드리고 나서 지속적으로 위험한 결단을 감행한다.

그에 비해 오늘날 우리가 드리고 있는 예배는 너무 안전하다. 마크 래버튼이 지적한 것처럼 우리가 '안전하게' 예배하는 동안 하나님을 '길들이려고' 하거

MEMO

나 이미 '길들이고' 있다.[37] 예배는 어쩌면 위험한 사건이다. 세상을 향한 하나님의 마음을 공유하고 그분의 부르심에 따라 움직이는 '위험천만한 결단'이다.[38] 예배의 결과 우리의 눈과 행동이 가난하고 소외된 이웃, 전쟁과 기근에 고통 받는 나라와 미전도 족속들을 향해 구체적인 결단이 일어나야 한다.

예배를 드릴 때 수동적으로 구경하지 말고 능동적으로 반응하라. 예배의 관중이 아니라 예배의 주도적인 선수가 되어라. 지휘자나 워십리더, 찬양팀이나 성가대가 아니어도 예배의 선수가 되는 데에는 아무런 문제도 없다. 예배의 본질과 원리를 바로 알고, 그에 따라 예배하기로 결단하고, 반응한다면 누구나 왕 같은 제사장으로 쓰임받을 수 있다.

III. 적용

예배는 하나님의 계시에 대한 인간의 반응입니다. 수많은 예배에 참석하는 성도들이 반응하지 않습니다. 수동적인 관객으로 구경만 하고 있습니다. 예배의 유일한 관객은 하나님인데 회중이 관객으로 설교를 평가하고 찬양에 점수매기는 것은 하나님의 위치를 대신하는 무서운 일입니다. 예배인도자들이 회중을 관객으로 안주하게 하는 것은 예배인도자의 직무유기입니다. 왕 같은 제사장인 회중이야 말로 예배 안에서 주도적으로 반응해야 할 진정한 선수입니다.

---

37) 마크 래버튼, 껍데기 예배는 가라 (좋은씨앗, 2010), p.58.
38) 같은 책, p. 뒤표지

MEMO

6th week

제4법칙 '경외감'

예배는 회중을 향한 하나님의 봉사이며
하나님을 향한 회중의 봉사이다.
―브루너

I. 도입

금세기 최고의 과학자 아인슈타인[39]이 교회에 대해 부정적인 입장을 갖고 있었던 것은 일반적으로 잘 알려진 상식입니다. 그가 왜 교회에 대해 회의적인 태도를 보였는지에 대해 상대성 이론 전문가인 과학자 찰스 미즈너Charles Misner는 우리에게 중요한 통찰력을 주고 있습니다.

"우주의 설계는 너무나 놀랍기에 당연한 것으로 여겨선 안 된다. 사실 나는 바로 그 때문에 아인슈타인이 조직화 된 종교를 그렇게 쓸모없게 여겼다고 믿는다. 비록 내가 생각할 때 아인슈타인은 근본적으로 무척 종교적인 사람이었는데도 말이다. 그는 설교자들이 하나님에 대해 말하는 것을 보고 그들이 하나님을 모독하고 있다고 느낀 것이 분명하다. 설교자들이 상상할 수조차 없었던 것들을 경험했던 그에게는 설교자들이 진리를 선포하지 못하고 있는 것처럼 보

MEMO

였다. 추측건대 그는 자신이 만나본 종교들이야말로 우주의 창조자를 제대로 공경하지 않는다고 느꼈을 것이다."[40] – 찰스 미즈너Charles Misner

현대의 많은 그리스도들이 비기독교인 과학자가 경험한 하나님의 광대하심보다 더 초라한 하나님을 믿고 있고 있는 것 같습니다. 우리 하나님을 다시 제자리로 모셔야 합니다. 우리가 생각하는 가장 큰 규모와 비교도 할 수 없을 만큼 하나님은 크십니다. 우리가 조금만 시간을 내어 상상 해봐도 그 크신 하나님과 그 깊으신 예수님의 구속 사역을 경외하지 않을 수 없습니다.

이제 향후 두 주에 걸쳐서 경외감과 친밀감에 대해 다루려고 합니다. 이 두 가지 예배의 원리는 동전의 양면성처럼 뗄 수 없는 관계입니다. 전통예배는 하나님의 초월적 성품 즉 거룩함과 위대함 등과 같은 경외감을 강조하고, 현대 젊은이 예배는 우리와 함께 하시는 친구같은 예수님, 내재하시는 성령님과의 친밀감을 강조합니다. 그러나 이 두 가지는 하나님의 양면적 속성이라서 어느 하나 소홀히 할 수 없습니다. 예배 안에서 경외감이 무시된 친밀감은 싸구려 친밀감으로 전락하지만, 경외감이 높으면 높을수록 친밀감은 더 깊어집니다.

---

39) 1999년 12월 31일자 《타임》지는 20세기를 마감하면서 '금세기의 인물'(Person of the Century)로 '앨버트 아인슈타인'(Aibert Einstein)을 선정했다. 지난 100년간 인류에 가장 큰 영향을 끼친 사람이 정치나 경제, 종교, 또는 군사적 리더가 아닌 과학자 아인슈타인이었다는 것이 당시 세간의 주목을 받게 했다.

40) Charles Misner, First Things, 1991년 12월 제 18호, p. 63. 존 파이퍼, 열방을 향해 가라 (좋은씨앗, 2003), p. 21쪽 재인용.

MEMO

II. 주중 과제

벌써 예배훈련 5주차가 되었습니다. 이번 한주간은 예배의 신비, 영광스러운 하나님을 온전히 경외하는 삶을 훈련하는 예배여행이 될 것입니다. 매일 해당되는 묵상 과제를 꼭 읽고 노트합시다.

21일(월) 우주도 사소한 하나님의 초월성

오늘의 묵상구절

"여호와여 광대하심과 권능과 영광과 이김과 위엄이 다 주께 속하였사오니 천지에 있는 것이 다 주의 것이로소이다 여호와여 주권도 주께 속하였사오니 주는 높으사 만유의 머리심이니이다." _ 대상 29:11

워싱턴 DC에서 노스캐롤라이나의 아름다운 도시 그린스보로를 향해 막 출발하던 46인승 유나이티드 에어라인 여객기가 2시간 이상 이륙을 못하고 비행장을 배회하고 있었습니다. 창 밖에는 어마어마한 검은 구름비가 비행장을 가로질러 이동하는 모습이 보였습니다.

상층의 거대한 검은 구름으로부터 공항에 흩어져 있는 여객기들 위로 쏟아져 내리는 시커먼 빗줄기의 모습은 마치 거대한 마녀의 날카롭고 갈라진 혀가 비행기들을 핥고 지나가는 듯 음산한 모습이었습니다. 덜레스 국제공항 내에 막

MEMO

이륙하려던 40여대의 비행기가 꼼짝없이 발이 묶여 버렸습니다. 태풍 아이반 Ivan의 영향권이 북버지니아까지 미친 것입니다.

비행기 안에 있는 승객들은 이 어마어마한 광경을 보며 이곳저곳에서 웅성거리며 핸드폰으로 연락하고 사진을 찍는 등 다소 긴장된 분위기였습니다. 내 옆의 한 미국 아주머니는 "내 평생에 이렇게 심각한 상황은 처음"이라며 흥분된 어조로 전화에 여념이 없었습니다. 조종사의 안내 방송에 따라 승객들은 때론 한숨을, 상황이 조금 좋아지면 환호성을 지르는 등 초조한 기다림이 계속되었습니다.

결국 3시간가량 지나서야 감금상태는 풀어졌으나 안타깝게 비행기 운항은 취소되었습니다. 도착지인 그린소보로 제일장로교회 성가대 수련회 장에서는 예정된 강의 스케줄을 조정하느라 부산했습니다. 주최 측에서는 만약을 대비해 다음날 프로그램을 당겨서 진행하고 있었습니다. 공항 대합실에서의 또 다른 4시간 대기상태 끝에 새벽 3시 즈음 목적지에 도착했습니다.

나중에 알고 보니 태풍 아이반의 규모는 역대의 어떤 태풍보다 위협적이었습니다. 시속 250㎞가 넘는 최고등급 허리케인입니다. 뉴스에 의하면 루이지애나 등 4개주 주민 190만여 명에게 긴급 대피령이 내려졌습니다.

특히 해수면보다 3미터 낮은 저지대인 루이지애나주 뉴올리언즈 지역에 40년만의 최대 피해를 우려해서 120만 명에 대한 대피령이 떨어졌습니다. 재해대책본부 관계자는 태풍이 도심을 정면으로 강타하면 5만 여명이 익사하고 도시 전체가 사라질 수도 있다며, 만일의 사태에 대비해 만개의 시신용 백을 마련하기도 했습니다.

MEMO

다행히 아이반은 큰 피해를 내지 않고 지나갔습니다. 그러나 1년 후 그 우려가 현실로 일어났습니다. 태풍 카트리나가 이 지역을 물바다로 만든 것입니다. 도시를 보호하던 둑이 무너져 도시의 80%가 물에 잠겼습니다. 그 결과 도시의 기능은 완전히 마비되었으며, 수천 명의 사상자가 발생하는 등 미 역사상 최악의 태풍 피해를 기록했습니다.

어쨌든 태풍 아이반으로 인해 공항에 갇혀 보낸 7시간 동안 문득 스치는 생각이 있었습니다. 그것은 40여 대 안에 갇혀 있는 수천여 명의 사람들이었습니다. 나를 포함한 그 많은 사람들에게 중요한 약속과 스케줄이 있었을 것입니다. 그런데 그만 대자연의 심술로 인해 한 순간 깨져버린 것입니다.

만일 어떤 사람이 내 약속을 아무런 예고도 없이 깨뜨려 버린다면 그처럼 어처구니없는 일이 없을 것입니다. 화가 날 것입니다. 그런데 천재지변에 대한 대다수의 반응은 수용적입니다. 거절할 수 없는 거대한 힘 앞에 감히 반기를 들지 못합니다.

대자연의 거대한 힘 앞에서 우리는 일종의 경외감을 갖습니다. 어렴풋이 초월적인 신의 존재를 경험합니다. 단 1시간이건, 10시간이건 자연의 힘 앞에 선 인간은 잠시 자신의 능력, 경험, 삶의 패턴을 일시적으로 내려놓을 수밖에 없습니다. 그리고 그저 넋 놓고 그 초월적인 힘 앞에 자신의 시간을 내어맡기게 됩니다.

그러나 하나님은 이 초월적인 자연과는 비교할 수 없는 더 초월적인 분이십니다. 아이반의 영향권은 북미 동남부지역에 국한합니다. 제 아무리 큰 태풍이라도 상상할 수 없는 우주의 크기와 비교하면 바닷가의 모래 한 알에 있는 원자

MEMO

하나도 안 되는 미미한 것입니다.

우리 은하계가 태양과 같은 별들이 약 1천억 개 모여 만들어진 별들의 집단이며, 다시 우리 은하계 같은 은하들이 1천억 개가 모여 전체 우주를 이루고 있다는 것을 상상해보십시오. 현대 천문학의 연구결과 빛의 속도로 약 140억년을 달려가야 우주의 끝이라고 합니다.

이 우주를 지으시고 주관하시는 하나님의 위대하심은 인간의 작은 두뇌로는 감히 상상할 수 없는 규모입니다. 그 광대한 우주도 하나님 앞에는 사소한 존재에 불과합니다.

> "산들이 여호와의 앞 곧 온 땅의 주 앞에서 밀 같이 녹았도다. 하늘이 그 의
> 를 선포하니 모든 백성이 그 영광을 보았도다. 여호와여 주는 온 땅 위에
> 지존하시고 모든 신위에 초월하시니이다." _ 시 97:5,6,9

예배야 말로 바로 이런 경외감이 필요합니다. 바쁘게 돌아가는 현대 사회 속에서 갑자기 닥친 초월적인 존재 앞에 모든 것을 내려놓고 그 진행 결과에 자신을 내어 맡기듯, 주일마다 예배에 참여하는 회중은 대 자연의 그 어떤 초월적인 힘과 비교할 수 없는 초월적인 하나님 앞에 자신의 능력, 경험, 삶의 패턴까지 내려놓아야 합니다.

일상에서 틈틈이 모든 생각을 멈추고 그분의 위대함을 묵상하는 것입니다. 일주일의 하루인 주일은 내 모든 시간을 그분 앞에 내어맡기는 것입니다. 그 시간만큼은 하나님의 전능하심을 찬양하고, 묵상하고, 경배하고, 높임으로 그분

MEMO

의 임재와 영광을 기뻐하고 즐거워하는 것입니다.

그 결과 대자연의 심술의 결과는 파괴요, 상처요, 엄청난 피해이지만, 초월적인 하나님의 임재의 결과는 구원과 회복, 평안과 치유, 어마어마한 하늘의 은총과 부흥임을 경험하게 되는 것입니다. 우주도 사소한 하나님의 초월성에 대해 우리는 겸허한 마음으로 경외할 수밖에 없는 것입니다. 시를 하나 소개합니다.

별들은 하나님의 지문이요,
해는 그의 광휘의 지극히 작은 일부분이다.
달은 그가 밤에도 주무시지 않음을 일깨워 주고
모래 조약돌이 극히 미세한 세목의 완전성을 나타낼 때
우주의 광대함은 그의 지혜의 무한함을 선포한다.
사자는 그분의 두려움 없음을, 곰은 그분의 능력을,
매는 그분의 예리한 통찰력을 보여주지만
아직 그들은 하나님의 전능하심과 편재하심의
극히 일부분에 지나지 않는다.
모든 나무는 천국을 지목하고
모든 새는 지저귈 노래가 있다.
바람의 모든 순간조차 나름 방향이 있다.
아름답게 디자인 된 우리의 세상에 혼돈이란 없다.
모든 피조물은 메시지를 갖고 말한다.
보라, 하나님이 계시다. 하나님이 계시다.

MEMO

– 브렌트 D. 얼레스 〈Listen, There is a God〉

Q. 예배묵상 : 지금 이 시간, 하나님이 얼마나 광대하시고 초월적이신 분이신지 조용히 묵상해보자.

그 하나님을 오늘 하루 종일 지속적으로 묵상하고 높이고 경배하자.

22일(화) 참을 수 없는 예배의 가벼움

오늘의 묵상구절

"이제부터는 너희를 종이라 하지 아니하리니 종은 주인의 하는 것을 알지 못함이라. 너희를 친구라 하였노니 내가 내 아버지께 들은 것을 다 너희에게 알게 하였음이니라." _ 요 15:15

오늘날 예배가 너무 가벼워졌습니다. 캐주얼해졌습니다. 단순히 음악 스타일만 가벼워진 것이 아닙니다. 하나님에 대한 경외감이 사라지고 있습니다. 하나님이 너무 가까워졌습니다. 친밀하다 못해 격의와 예의가 사라졌습니다. 함께 커피마시고 온라인 게임하는 친구 같은 존재가 되었습니다.

MEMO

왜 이렇게 되었습니까? 80년대 시작된 예배의 변화가 결국 의식의 변화, 하나님에 대한 개념의 변화까지 가져왔습니다. 80년대 찬양운동은 엄격한 예배의식에서 생기발랄한 찬양으로 전환되면서 예배의 자유를 가져왔습니다. 90년대는 그 운동이 지역교회 예배로 수렴되면서 하나님에 대한 개념도 '거룩'에서 '친구' 개념으로 변했습니다. 그것이 최근에는 선을 넘었습니다. 예배에 대한 기대감, 자신을 추스르고 하나님을 경외할 여유도 없이 사람들과 농담 따먹기 하면서 예배를 시작합니다. 산만함을 넘어 방종의 단계까지 이르렀습니다.

예배의 품격, 권위, 진지함, 광휘, 경외감이 사라졌습니다. 그래서 나는 요즘 예배 현상에 대해 종종 '참을 수 없는 예배의 가벼움'이라는 표현을 사용합니다. 많은 예배 현장에서 빛바랜 하나님 나라를 토해냅니다. 현실 도피적 영생복락과 샤머니즘적 구복신앙으로 균형 잃은 복음이 남발되고 있습니다.

오히려 젊은이들이 화석화된 예배, 시끄러운 예배에 등을 돌리고 신비스러운 가톨릭 미사로 전향합니다. 구도자들이 어쩌다 방문한 교회에서 경험하는 주일 예배는 우리 끼리만의 언어, 아마추어 밴드의 시끄러운 반주, 찬양인도자의 설교성 멘트, 천국의 거룩함과 아름다움, 탁월성이 사라진 이 등급에 중독된 예배 모습에 고개를 갸웃거립니다.

현대예배는 지나친 청중의식, 자극적인 감정주의, 젊은이를 끌어들이는 미끼 등과 같은 불온적인 오해를 불러 일으켰고, 교회성장을 위한 필요악 정도로 치부하는 등 불안전한 유행 현상으로 그칠 우려도 있습니다.

물론 우리는 예배를 통해 '친구 되신 하나님', '사랑하는 하나님', '나를 만지시는 주님'과 같이 우리의 눈높이로 성육신하셔서 우리와 함께 하시는 하나님

MEMO

의 내재성을 다루어야 합니다. 그러나 현대예배, 전통예배 할 것 없이 오늘날 많은 예배가 그 균형을 잃었습니다. 그 추구하는 가치가 지나치게 내재적입니다.

'나의 필요', '내 공허함을 채워주시는 하나님'과 같이 '나'가 중심입니다. 우리 예배의 무한중심infinite center이 하나님[41]이 아니라 '나'로 교체되었습니다. 하나님께 드리기 위해 모인 예배에서 예배의 주체가 나로 바뀌었습니다. 내가 체험하고, 내가 만족하기 위해 끊임없이 추구하는 그 열망이 무한대에 이릅니다. 이것도 '자기애'라는 일종의 우상입니다.

사실 하나님과 친구처럼 가까운 사이가 되는 것은 놀라운 축복입니다. 성경은 모세와 하나님을 친구관계로 비유했습니다.

> "사람이 그 친구와 이야기함 같이 여호와께서는 모세와 대면하여 말씀하시며" _ 출 33:11 상반절

친구에게는 격의가 없습니다. 어떤 상황에서도 나를 이해하고 받아주는 것이 친구입니다. 이처럼 하나님과 우리의 관계가 친구 같다는 것은 말로 다할 수 없이 감사할 일입니다. 예수님도 우리를 향해 혁명적인 선언을 하셨습니다.

> "너희를 친구라 하였노니 내가 내 아버지께 들은 것을 다 너희에게 알게

---

41) 마르바 던이 그의 책 《고귀한 시간낭비, 예배》에서 시인이요 사상가 수잔 팔로 처원이 쓴 찬송가 가사에 있는 '무한중심'(the infinite center)을 인용한 표현이다.

MEMO

하였음이니라." _ 요 15:15 하반절

예수님이 나의 친구라는 개념 자체는 귀합니다. 그러나 친구도 친구 나름입니다. 인간의 친구와 하나님의 친구 되심은 그 차원이 다릅니다. 유교적인 문화가 지배적인 한국과는 달리 미국에서는 10대 어린이와 70대 노인이 친구처럼 지내는 경우가 많습니다.

동년배 친구와 경륜과 지혜가 있는 할아버지 친구가 다르듯이 우주만물의 창조주 친구는 인간적인 친구의 범주에서 벗어나는 특별한 관계입니다. 그분은 원래 감히 우리가 범접할 수 없는 초월적인 분이십니다. 하늘 보좌에서 말씀 한 마디로 온 세상을 창조하신 분이십니다. 그런 분이 나에게 다가 오셨습니다. 친구가 되어 주셨습니다.

그런 위대한 분이 나 같은 존재를 친구 삼으신 것이 놀랍고 감격스러운 것입니다. 이는 나에게는 자격이 없으나 전적으로 하나님의 주권적인 은혜입니다. 그런데 오늘날 많은 예배가 '친구 되신 예수'라는 한쪽 측면만 강조합니다. 그것이 우리의 예배를 '참을 수 없는 예배의 가벼움'으로 전락시키고 마는 것입니다.

마르바 던Marva Don이 지적한 것처럼 "우리 예배가 하나님의 거룩하심과 진노를 균형 있게 제시하지 못한 채, 하나님의 성품 가운데 자비와 사랑처럼 편안한 부분에만 일방적으로 초점을 맞추지는 않습니까? 예수님이 초월적인 하나님의 무한한 위엄을 가진 분이 아니라 단순히 어디에나 계시는 '친구'나 '형제'로 축소되지는 않습니까?"[42]

MEMO

한번은 비인야드에서 30년 가까이 워십리더로 섬겼던 앤디 파크Andy Park
가 영국의 워십리더인 매트 레드만Matt Redman을 만났습니다. 몇 가지 질문
가운데 매트는 예배 인도자의 역할에 대한 중요한 언급을 했습니다.

"예배 인도자의 가장 중요한 핵심 역할은 회중 안에 있는 하나님의 신비를 일
깨우는 것입니다. 예배 인도자가 하나님의 신비를 경험하면 예배의 다른 부분
은 저절로 해결 됩니다."[43]

그 어떤 예배라도 하나님의 자비하심, 내재성, 친밀감과 함께 그분의 거룩성,
초월성, 경외감에 대해 균형 있게 반응하지 않는다면 온전한 예배가 될 수 없습
니다. 예배인도자나 예배에 참여하는 회중 모두가 예배 가운데 이 부분에 실패
할 때 우리의 예배는 자칫 요즘 웬만한 한국드라마의 찐한 감동보다 못한 이 등
급 사랑 타령으로 전락되고 말 것입니다.

Q. 예배묵상 : 광대하시고 초월적인 하나님이 친구처럼 찾아오셨다. 이
친구는 이 세상 친구와는 근본적으로 그 차원이 다른 친구이다. 우리
와 친구 되신 예수님의 신비, 그 가치를 경외하는 마음으로 묵상해보자.

이런 예수님을 오늘 하루 동안 틈 날 때마다 묵상하고 경외하고 높여 드리자.

42) 마르바 던, 《고귀한 시간낭비, 예배》(이레서원, 2004), p. 76.
43) To Know You More, Andy Park (IVP, 2002), p.162

MEMO

23일(수) 존경과 두려움이라는 복합 감정

오늘의 묵상구절

"이스라엘아 네 하나님 여호와께서 네게 요구하시는 것이 무엇이냐 곧 네
하나님 여호와를 경외하여 그 모든 도를 행하고 그를 사랑하며 마음을 다
하고 성품을 다하여 네 하나님 여호와를 섬기고" _ 신 10:12

경외(敬畏)의 히브리어는 '야레'(arey)이며 '두려워하는', '경외하는'의 의미
를 갖습니다. 시편에서는 '야레'가 자주 제사와 연결되어 사용됩니다. 경외의
사전적 의미는 글자 그대로 공경하고 두려워하는 것입니다. 영어 표현도 fear
reverence, 즉 두려워함으로 존경하는 것입니다. 존경하는 마음과 두려워하는
마음이 공존하는 것, 그것이 경외함입니다.

왜 하나님을 경외감으로 예배해야 할까요? 그것은 하나님의 속성이 갖고 있
는 양면성 때문입니다. 일반적으로 하나님은 공의와 사랑의 하나님이라고 합니
다. 공의의 하나님은 심판하시는 하나님을 의미합니다. 사랑의 하나님은 죄로
심판 받을 수밖에 없는 우리를 구속하신 은혜의 하나님을 의미합니다. 그래서
우리는 하나님을 두려워하면서 공경하는 것입니다.

경외의 감정이 어떤 것인지 청년 시절 출석하던 서울 문화촌의 홍성교회 대
학부에서 경험했습니다. 당시 대학부 담당이셨던 송우승 전도사는 당시 한국교
회에 확산되기 시작한 '제자훈련'에 목숨을 건 분이었습니다. 대학부 3년 동안
혹독한 리더 성경공부를 통해 젊은이들을 성경으로 강하게 무장시키셨습니다.

MEMO

성경공부가 끝나고 나면 그 자리에서 무릎 꿇고 몇 시간씩 기도하면서 영성을 단련시켰습니다. 그분의 영향으로 대학부에서 많은 목회자가 배출되었습니다.

대학교 1~2학년 당시 저는 대학부의 '어둠의 자식들' 가운데 하나였습니다. 주일 예배가 끝나면 우리는 대학부 성경공부를 재끼고 당구장으로 직행하곤 했습니다.

송우승 전도사는 나 같이 신앙생활을 제대로 안 하는 어둠의 자식들을 만나면 여지없이 꾸짖습니다. 그때 자주 사용하던 말투가 있습니다. 핏기가 서린 눈으로 뚫어지게 쳐다보면서 입에 침이 튈 것 같은 볼멘소리로 말합니다. "뭐하는 거에요?" 워낙 강한 영적 카리스마를 지닌 분이었기 때문에, 당시에는 그분의 말 한 마디가 주는 파장이 무척 컸습니다. 눈이라도 마주치면 불호령이 떨어지기 때문에 슬슬 피하기 일쑤였습니다.

그러나 그 침 튀기는 말투가 싫지 않았던 것은 그분의 강한 카리스마 이면에 있는 예수의 사랑 때문이었습니다. 그분은 청년 한 사람, 한 사람이 빠짐없이 예수의 제자가 되기를 바라셨습니다. 그 마음을 알기에 우리는 그분을 두려워하면서도 존경했던 것입니다. 그 앞에 서면 두렵고 떨리지만, 그 속에 품고 있는 사랑 때문에 존경하는 마음, 바로 이것이 경외감 아닐까요. 거룩하신 하나님, 죄 없으신 하나님이 두렵지만, 두려워하면서도 그분의 한없는 사랑을 알기에 뜨거운 사랑과 깊은 존경심이 교차하는 마음, 바로 그것이 경외감인 것입니다.

두려움만 주는 신, 사랑하는 신

많은 이단 종교들이 그들이 믿는 신을 단지 두려운 신으로 여깁니다. 2000년

MEMO

도에 볼티모어 장로교회에서 주말 사역을 할 때 청년, 학생들과 함께 멕시코 단기선교를 갔습니다. 우리가 방문한 지역은 송가위치라는 마을이었습니다. 노방전도와 저녁집회를 통해 하루 수십 명씩 예수를 영접했습니다.

어느 날 오후 노방전도를 위해 한 집을 방문했는데 마침 집 주인 자매와 다른 두 자매 손님이 대화를 하고 있었습니다. 알고 보니 몰몬교에서 동일한 시간에 노방전도를 나온 것이었습니다. 좋은 기회다 싶어서 이들에게 복음을 전했습니다. 성경구절들을 제시하면 자기들은 성경에 그런 말씀이 있는지 처음 알았다고 했습니다. 특히 이들에게는 하나님이라는 존재가 사랑이 아닌 두려움의 존재였습니다. 이야기가 진전될수록 이들의 마음이 열리는 듯 했습니다.

그때였습니다. 갑자기 하늘에 먹구름이 끼더니 천둥번개가 쳤습니다. 아니나 다를까 두 자매는 자신들이 믿는 신이 화난 것 같다고 두려워하며 서둘러 그 자리를 피해 도망갔습니다.

두려움만 있는 종교는 참 종교가 아닙니다. 두려움만 주는 신은 참 신이 아닙니다. 하나님은 우리에게 두려움을 주는 신이 아닙니다.

"하나님이 우리에게 주신 것은 두려워하는 마음이 아니요 오직 능력과 사랑과 근신하는 마음이니."_딤후 1:7

우리가 믿는 하나님은 그런 신이 아니어서 참 다행입니다. 오히려 하나님은 우리에게 성령 안에서 누리는 평안, 고난을 극복할 수 있는 소망, 지혜롭고 담대한 마음을 주십니다. 더 나아가 구원해주시고, 악에서 건져내 주십니다.

MEMO

"그러므로 나 여호와가 말하노라 내 종 야곱아 두려워 말라 이스라엘아 놀라지 말라 내가 너를 원방에서 구원하고 네 자손을 포로된 땅에서 구원하리니 야곱이 돌아와서 태평과 안락을 얻을 것이라 너를 두렵게 할 자가 없으리라." _ 렘 30:10

"여호와는 나의 빛이요 나의 구원이시니 내가 누구를 두려워하리요. 여호와는 내 생명의 능력이시니 내가 누구를 무서워하리요." _ 시 27:1

 랄프 마틴은 우리가 예배 안에서 하나님께 느끼는 감정은 비굴한 노예적 두려움이 아니라 우리를 거룩한 담대함과 흠모하는 사랑으로 인도하는 하나님에 대한 효심 가득한 두려움이라 했습니다.[44] 이렇게 좋으신 하나님에 대해 우리가 마땅히 품어야 할 마음은 존경심과 두려움의 복합감정인 '경외감'인 것입니다.

> # Q.
> 예배묵상 : 내 마음 안에는 하나님을 존경하는 마음과 두려워하는 마음, 두 가지 가운데 어떤 마음이 더 우세한가?
>
> 존경과 두려움이 섞인 '복합감정의 경외감'을 오늘 하루 동안 묵상해보자.

---

44) Ralph P. Martin, Worship in the Early Church (Grands Rapids: William B. Eerdmans Publishing Co. 1974), p. 15.

MEMO

오늘의 묵상구절

"그는 다른 대제사장들과는 다릅니다. 다른 제사장들은 날마다 먼저 자기 죄를 위하여 희생제물을 드리고, 그 다음에 백성을 위하여 희생제물을 드리지만 그는 이렇게 하실 필요가 없습니다. 그는 자기를 바치셔서 단 한 번에 결정적으로 이 일을 이루셨기 때문입니다." _ 히 7:27-28, 표준새번역

타락한 인간은 본질적으로 하나님을 경외하지 않습니다. 아니 경외할 필요성을 못 느낍니다. 그래서 창조주 하나님에 대한 경외감, 자연과 우주에 나타난 하나님의 솜씨만으로는 충분치 않습니다. 여기 인간이 이 땅에서 경험할 수 있는 가장 높은 경외감이 있습니다.

이 경외감의 극치는 바로 예수 그리스도의 십자가입니다. 하나님의 초월성도 경이롭습니다. 그 하나님이 나를 위해 이 땅에 오신 것도 경이롭습니다. 그러나 가장 경이로운 것은 잭 헤이포드가 한 말처럼 "하나님의 무한하신 지혜에 대해 우리가 느끼는 경외감은 세계를 창조하신 능력보다도 우리를 구속하신 능력 앞에서 더 큽니다."[45]

다시 말해서 우주를 창조하신 창조의 능력보다 예수 그리스도의 십자가 죽으심을 통한 인류구속 사건이 훨씬 더 경이롭다는 것입니다. 그래서 마틴 로이드 존스는 십자가를 전하며 그 십자가 위에서 죽으신 예수 그리스도의 죽으심을 전파하는 것이 기독교 복음의 핵심이며, 기독교 메시지의 중심이라 했습니다.[46]

MEMO

사랑이 공의를 이겼다

우주의 왕이신 예수께서 십자가에서 몸을 찢기어 죽으셨습니다. 이것은 감히 어느 누구도 상상 못했던, 역사상 가장 역설적인 사건이요, 하나님의 신비입니다. 그분은 그렇게까지 고통 받으실 필요가 없으셨던 분입니다. 그럼에도 불구하고 극한의 괴로움 속에서도 잠잠하셨습니다.

> "그가 곤욕을 당하여 괴로울 때에도 그 입을 열지 아니하였음이여 마치 도수장으로 끌려가는 어린 양과 털 깎는 자 앞에 잠잠한 양 같이 그 입을 열지 아니하였도다." _ 사 53:7

말 한마디로 십자가 실형선고를 뒤바꾸실 수 있는 분입니다. 자신의 피 한 방울이면 온 인류의 죄를 사하고도 남으실 분입니다. 그런데 쉽고 편한 길을 택하지 않으셨습니다. 그분은 온 몸에 채찍을 맞으셨고, 살을 찢기셨습니다. 군중들 앞에 벌거벗는 수치를 당하셨습니다. 사람들에게 침 뱉음을 받으셨습니다. 머리에는 가시 면류관까지 쓰셔서 얼굴에 선혈이 낭자했습니다. 아무 죄 없이 사람들에게 멸시와 천대를 받으셨습니다.

> "그는 멸시를 받아서 사람에게 싫어버린 바 되었으며, 간고를 많이 겪었으며, 질고를 아는 자라. 마치 사람들에게 얼굴을 가리우고 보지 않음을 받는

---

45) Jack Hayford, Worship His Majesty(Regal Books, 2000), p. 35.
46) 마틴 로이드 존스, 십자가 (서울: 보이스사, 1991), p. 24

MEMO

자 같아서 멸시를 당하였고, 우리도 그를 귀히 여기지 아니하였도다."_사 53:3

로마인들은 극단적인 국가 반역죄를 제외하고는 십자가형에서 면제되었습니다. 당시 로마 군인이자 정치가인 키케로가 맹렬히 비난한 것처럼 "가장 잔인하고 혐오스러운 형벌"[47]이었기 때문입니다.

"십자가라는 단어는 로마 시민에게서 뿐만 아니라, 그들의 생각, 그들의 눈과 그들의 귀에서까지도 멀리 사라져야 합니다. 왜냐하면 이 일의 실제적인 발생, 혹은 그것을 견디는 것뿐만 아니라, 그것을 당할 수 있다는 사실, 그 예상, 아니 그것을 단순히 상상하는 것까지도 로마 시민과 자유인에게는 어울리지 않는 일이기 때문입니다."[48]

하물며 우주의 왕이신 예수에게 십자가 형벌이 어울렸겠습니까? 있을 수도, 상상할 수도 없는 일입니다. 하지만 예수님은 그토록 혐오스러운 십자가 형벌을 순순히 받으셨습니다. 두 손과 두 발에 손가락만한 못이 박히고 자신의 몸무게로 살과 근육이 찢기는 고통을 감수하셔야 했습니다.

인간이 겪을 수 있는 가장 극한의 고통이었습니다. 십자가에서 물과 피를 다 쏟으시고 돌아가시던 순간은 하나님마저 침묵하셨습니다. 태초부터 아버지와의 깊고 친밀한 관계가 단 한 순간도 단절된 적이 없으셨는데 가장 고통스럽고 가장 처절한 상황에서 버림 받으셨습니다. 결국 사흘 만에 다시 살아나셨고, 단 한 번의 골고다 피 흘림으로 인류구속의 길이 열렸습니다.

왜 하나님의 아들이 이렇게까지 극한의 고통 속에서 우리에게 자신의 목숨을

MEMO

주셔야 했을까요? 하나님에게는 풀리지 않는 딜레마가 있었습니다. 그것은 '공의의 하나님'이라는 속성으로는 인류의 죄를 진노하사 사망에 이르게 할 수 밖에 없습니다. 하지만 '사랑의 하나님'이라는 속성은 무조건적으로 용서해야만 했습니다. 이렇게 충돌하는 두 가지 속성을 해결하기 위한 유일한 방법은 바로 하나님 자신이 죄 값을 치르는 것이었습니다. 결국 예수 그리스도를 통해 하나님 자신이 스스로 형벌을 담당하셨습니다. 재판장이 희생자의 역할을 담당하셨습니다. 사랑이 공의를 이겼습니다. 십자가가 율법을 이겼습니다. 자기희생이 진노를 이겼습니다. 은혜가 심판을 이겼습니다.

존 스토트는 이를 '대속substitution을 통한 만족satisfaction'이라 했습니다.[49]

즉 예수 그리스도께서 우리를 대신substitute하여 죄인들이 받아야 할 형벌을 당함으로 하나님의 공의가 요구하는 만족satisfaction을 충족시켰다는 것입니다. 그래서 이 계시야말로 교회의 예배와 증거의 핵심을 차지해야 한다는 것입니다.[50]

---

47) Against Verres Cicero II. v.64, para. 165, 존 스토트, 그리스도의 십자가 (서울: IVP, 1988),p. 29 재인용
48) Against Verres Cicero, In Defense of Rabirius V.16, p.467, 존 스토트, 그리스도의 십자가 (서울: IVP, 1988), p. 29. 재인용
49) 존 스토트, 그리스도의 십자가 (서울: IVP, 1988), 5장 "죄에 대해 만족시킴" 참조
50) 위의 책, p. 141.

MEMO

십자가의 효력

그동안 우리는 예수의 십자가 사건에 대해 너무 자주 들었습니다. 그래서 때로는 십자가는 우리에게 종교적 교훈이나 역사적 기념사건, 아니면 목걸이 장식품에 불과합니다. 위대한 십자가의 능력이 화석화 된 종교의식, 또는 종교적 치장품 속에 갇혀서 제 구실을 못할 때가 많습니다.

그러나 십자가의 능력은 우리의 상상을 초월합니다. 자석의 극까지 마비시킬 정도로 강력한 파장을 지닙니다. 사탄의 속임수라는 극을 향해 끌어당기는 세상의 그 어떤 죄성도 그 영향력과 힘을 잃게 만드는 강력한 파장입니다.

그래서 우리는 예배 때마다 예수 보혈의 공로를 의지하여 담대히 하나님의 보좌 앞에 나아가는 것입니다. 내가 예배, 찬송, 기도하면 안 됩니다. 보혈의 공로를 의지하여, 성령의 도움으로 드려야 합니다.

> "누가 능히 하나님의 택하신 자들을 송사하리요. 의롭다 하신 이는 하나님 이시니, 누가 정죄하리요. 죽으실 뿐 아니라 다시 살아나신 이는 그리스도 예수시니 그는 하나님 우편에 계신 자요, 우리를 위하여 간구하시는 자시 니라." _ 롬 8:33-34

우리는 자주 죄에 빠집니다. 그러나 죄를 지어도 의인으로 짓는 것입니다. 날마다 자백하면 됩니다. 구약의 제사는 단회적인 씻음입니다. 죄를 씻기 위해 매번 제사드릴 때마다 피를 흘립니다. 그러나 신약은 단 한 번의 예수의 십자가 죽음으로 피 흘림의 제사가 더 이상 필요 없습니다. 이것이 신비요, 경외입니다.

MEMO

"... 그는 이렇게 하실 필요가 없습니다. 그는 자기를 바치셔서 단 한 번에 결정적으로 이 일을 이루셨기 때문입니다." _ 히 7:27-28, 표준새번역

그런데 십자가의 신비는 단지 죄 사함 선에서 그치는 것이 아닙니다. 21세기 오늘을 사는 내가 2000년 전 예수와 함께 십자가에 못 박혔고, 예수의 부활하심을 힘입어 나도 의인으로 다시 살아나는 것입니다. 그래서 이제는 살아도 내가 사는 것이 아니라 내 안에 살아계신 예수 그리스도와 함께 사는 것입니다.

"내가 그리스도와 함께 십자가에 못 박혔나니 그런즉 이제는 내가 산 것이 아니요 오직 내 안에 그리스도께서 사신 것이라 이제 내가 육체 가운데 사는 것은 나를 사랑하사 나를 위하여 자기 몸을 버리신 하나님의 아들을 믿는 믿음 안에서 사는 것이라." _ 갈 2:20

예배의 본질을 결정하는 기준점

십자가는 인간의 이해를 넘어서는 신비요 경외의 극치입니다. 이 놀라운 십자가 복음을 알고도 왜 우리는 무능력하게 살아가고 있습니까? 십자가 중심부에서 예배를 회복한 정석영 목사의 깨달음이 마음 깊이 와 닿았습니다. 그는 예배와 예배자의 본질을 결정하는 기준점이 바로 '십자가' 라고 했습니다. 이 십자가에서 예수와 함께 죽은 겉사람이 허구의 사람이라는 점, 그는 아무런 활동을 할 수 없는 죽은 자의 신기루라는 점을 인식해야 합니다. 그런데 자꾸 우리의 삶에서 가공할 죄성이 드러나는 이유는 옛사람의 잔영이 습관으로 나타나는

MEMO

상태일 뿐임을 자각해야 한다는 것입니다.[51] 속지 말라는 것입니다. 이미 우리의 옛사람은 죽었습니다. 더 이상의 정죄는 없습니다.

> "그러므로 이제 그리스도 예수 안에 있는 자에게는 결코 정죄함이 없나니, 이는 그리스도 예수 안에 있는 생명의 성령의 법이 죄와 사망의 법에서 너를 해방하였음이라." _ 롬 8:1,2

그래서 우리는 순간순간마다 이 십자가의 복음 앞에서 잠겨 있어야 합니다. 십자가의 빛 앞에 내 삶, 내 존재, 심지어는 성품까지도 지속적으로 조명 받아야 합니다. 그럴 때 중력의 법칙 이상의 집요한 성질을 가진 습관으로부터 자유함을 얻을 수 있습니다.

Q. 예배묵상 : 오늘은 하루 종일 십자가를 묵상하는 날이다. 십자가의 빛 앞에 내 삶과 성품을 조명해보자. 십자가에 예수와 함께 죽은 내 실체를 바라보자. 묵상하고 또 묵상해보자. 가능하다면 십자가 형상의 그림, 사진, 목걸이 등을 지니고 그 의미를 되새겨보자. 이 십자가의 신비에 하루종일 젖어서 살아보자.

---

51) 십자가 복음의 실재를 저자의 경험을 통해 구체적으로 잘 풀어주었다. 정석영, 십자가 중심에 선 예배자(서울: 예영 커뮤니케이션, 2006), p. 30, 54~57.

MEMO

25일(금) 경외는 경배의 뿌리이다

오늘의 묵상구절

"오직 나는 주의 풍성한 인자를 힘입어 주의 집에 들어가 주를 경외함으로 성전을 향하여 경배하리이다." _ 시 5:7

경외는 경배와 밀접한 관계가 있습니다. 경배하는 마음의 심연에는 경외가 자리 잡고 있습니다. 한 번은 밀레니엄을 코앞에 둔 1999년에 오늘 묵상구절인 시편 5편을 묵상하고 있었습니다. 7절에 가서 눈이 멈췄습니다.

"오직 나는 주의 풍성한 인자를 힘입어 주의 집에 들어가..." _ 시 5:7 상반 절

영광스런 임재가 있는 주의 집, 성전을 향해 나아갈 때 우리는 풍성하신 하나님의 인자하심이 없이는 감히 나아갈 수 없다는 기자의 고백이 제 가슴을 울렸습니다. 신약에서 예수 보혈의 공로 없이 감히 아버지께 나아갈 수 없는 것과 똑 같은 의미가 담겨 있습니다.

바로 이어서 경배하는 자의 태도가 나옵니다. 즉 '주를 경외함으로' 성전을 향해 경배한다는 찬송 시입니다. 갑자기 영감이 떠올랐고 곡을 써 내려갔습니다. 나중에 이 곡은 2000년에 작업한 좋은씨앗 6집 'Worship'에 수록되었습니다.

MEMO

나는 오직 주님의
나는 오직 주님의 풍성한 인자로
주의 집에 들어가
주를 경외함으로 성전을 향하여 경배하리
주께 피하는 자 모두 보호해 주시니
내가 주의 이름을 사랑하며
즐거워합니다 내가 기뻐합니다
_ 시 5:7, 이유정 곡

경배는 경외와 어울립니다. 경외는 경배의 뿌리입니다. 이 경외감이 하나님을 경배하게 합니다. 경배는 예배의 깊은 단계입니다. '경배'라는 단어는 자주 찬양과 연계해서 사용됩니다. 찬양과 경배를 하나로 보기도 하고, 구분하는 사람도 있는데 그 의미는 어느 정도 구분 짓는 것이 좋습니다.

찬양과 경배는 praise and worship의 직역입니다. 밥 소르기는 찬양과 경배가 가지고 있는 신학적 의미를 다음과 같이 정의했습니다. 첫째, 하나님은 우리의 찬양받으시기에 합당하신 분이지만, 그분이 진정으로 찾으시는 것은 예배자(요 4:23)입니다. 둘째, 찬양은 하나님께 일방적으로 드리는 행위이고, 경배는 하나님과 주고받는 친교의 행위입니다. 셋째, 찬양은 외향적, 회중적인 반면 경배는 내향적이고 개인적입니다.

저드슨 콘웰은 찬양과 경배의 의미를 예배의 흐름으로 설명해줍니다. 즉 찬양은 경배의 전주곡이요, 하나님을 향한 우리의 사역입니다. 찬양으로 하나님

MEMO

의 행위를 칭찬할 때 경배로 하나님의 성품을 예배하는 것입니다.

두 사람의 공통점은 경배는 예배의 더 깊은 단계라는 점입니다. 즉 경배는 너무나 높고 거룩하신 하나님 앞에 나를 낮추는 것입니다. 그래서 찬양은 하나님을 높이는데 초점을 두고 경배는 자신을 낮추는데 초점을 둡니다. 낮춘다는 것은 복종을 의미합니다. 찬양과 경배의 시간에 높으신 하나님의 뜻에 순종을 표하고 자신의 삶을 드리는 결단이 없다면 그것은 참된 찬양과 경배라고 할 수 없습니다.

저는 성경에서 경배의 가장 깊은 단계를 요한계시록에서 발견합니다.

> "이 일 후에 내가 보니 각 나라와 족속과 백성과 방언에서 아무라도 능히 셀 수 없는 큰 무리가 흰 옷을 입고 손에 종려 가지를 들고 보좌 앞과 어린 양 앞에 서서 큰 소리로 외쳐 가로되 구원하심이 보좌에 앉으신 우리 하나님과 어린 양에게 있도다 하니"_계 7:9,10

이 예배 모습은 우리가 드리는 예배의 궁극적인 지향점인 '천상 예배'의 한 단면입니다. 상상해보십시오. 전 세계 수천, 수만의 종족들로부터 구원받은 수만, 수 억 명의 성도들이 보좌 위의 하나님과 어린 양 예수께 찬양과 경배하는 모습을 말입니다.

뉴욕에서 두 종류의 미국교회 예배를 방문할 기회가 있었습니다. 하나는 동양인들을 중심으로 모이는 다민족 교회이고, 다른 하나는 흑인을 중심으로 남미, 백인, 동양인 등 동서양의 모든 인종이 함께하는 교회입니다. 다양인 인종이 함께 하나의 언어로 찬양하는데 얼마나 감격스러웠는지 모릅니다. 그 현장

MEMO

에서 수많은 인종이 함께 하나님을 경배하면서 어렴풋이 천국의 모형을 경험할 수 있었습니다. 하물며 수천, 수만의 종족들이 각자의 방언과 언어로 어린양 예수를 경배하는 장면을 상상해보십시오. 그 감동스런 천상예배의 현장을 하루 빨리 경험하고 싶지 않으십니까? 이 땅에서 천상예배의 모형을 경험할 수 있습니다. 바로 우리가 매주 드리는 회중예배의 경배 현장입니다.

"구원하심이 보좌에 앉으신 우리 하나님과 어린양께 있도다!"

Q. 예배묵상 : 매주 내가 드리는 회중예배 가운데 이 경외감이 존재하는가? 찬양만 흘러나와도 옷깃을 여미게 되는 숭고한 영감을 맛보았는가? 거룩하시고 위대하신 초월적 하나님 앞에 무릎 꿇고 흐느끼는 영혼의 숭배를 경험해보았는가? 예배의 어느 순간, 존재의 심연에 흐르는 그리스도 십자가의 신비와 그 역설적 사랑에 전율하지는 않았는가?

III. 적용

진정한 예배는 초월적인 하나님의 신적 개입 없이는 불가능하다. 두렵고 떨

MEMO

림으로 우주의 왕이신 하나님께, 과도한 사랑으로 자신을 주신 예수님께, 하나님의 가장 깊은 것까지 통달하시는 성령님께 반응할 여지를 준비해 두어야 하지 않겠는가?

하나님을 두려워하면서 존경하는 이 경외의 태도는 오늘 우리시대의 참을 수 없는 가벼움을 정면도전할 수 있고, 해결할 수 있는 중요한 예배 태도요, 예배 습관입니다. 십자가 사건과 보혈의 신비는 묵상하면 묵상할수록 더 커다란 경외감을 우리에게 심어 줍니다. 지나치게 캐주얼해진 예배의 깊이를 경외감으로 회복합시다.

MEMO

7th week
제5법칙 '친밀감'

7주 _
제5법칙 '친밀감'

예배가 주는 친밀감은 음악적인 조작에
기초하는 것이 아니라관계의 하나님이신
하나님의 성품에 기초한다.
– 마르바 던

I. 도입

한 번은 시애틀의 어느 한인교회에서 예배 세미나와 찬양 간증집회를 인도했습니다. 세미나 시간에 예배에서 가장 중요한 것이 '마음'임을 나누었을 때, 많은 성도들이 기대 이상의 반응을 보여주셨습니다. 그날 저녁의 집회는 특별한 경험이었습니다. 하나님의 친밀한 사랑과 은혜를 간증하며 찬송가로 찬양하자 수많은 이들이 눈물을 흘렸습니다. 이어진 통성기도 시간에는 아예 울음바다가 되었습니다. 지금까지 인도한 어떤 찬양집회에서도 경험하지 못한 통곡의 밤이었습니다. 오랫동안 내면 깊은 곳에 묻어 놓았던 상처를 성령께서 어루만지셨고, 어두움이 예수 그리스도의 빛으로 밝아졌습니다. 나중에 알고 보니 그 교회

MEMO

는 국제결혼하신 분들이 상당히 많았습니다. 친밀한 하나님 아버지의 사랑 앞에 오랜 세월 겹겹이 쌓여왔던 상처의 각질이 눈 녹듯 녹아내린 것입니다.

II. 주중 과제

이번 한주간은 예배의 가슴, 친밀한 관계 중심적인 언어를 개발하는 한주일이 될 것입니다. 매일 15분씩 주어진 글을 읽고 묵상적용 질문에 간단하게 노트하세요.

26일(월) 모조된 친밀감을 직시하라

오늘의 묵상구절

"내가 그처럼 잘 살던 그 시절로 다시 돌아가서 살 수 있으면 좋으련만! 내 집에서 하나님과 친밀하게 사귀던 그 시절로 되돌아갈 수 있으면 좋으련만!"_ 욥 29:4, 표준새번역

에반 코넬이라는 작가가 쓴 《브릿지 씨》(Mr. Bridge)라는 소설은 캔자스 시에 사는 어느 변호사 부부와 세 자녀에 관한 이야기입니다. 브릿지 씨의 가정은 어느 모로 보나 안정되고 성공한 가정입니다. 겉으로는 질서 있는 가정, 분주한

MEMO

사회 활동, 정기적인 휴가, 최고급 학교, 충실한 교회 출석 등 훌륭한 가정의 요소를 고루 갖추고 있지만, 실은 생활에 필요한 피상적인 말이나 접촉 외에는 식구들 사이에 깊은 나눔이 없습니다. 결혼 초기의 친밀감도, 성공과 안정, 재산 축적에 매달려 사는 동안 서서히 사라지고 말았습니다. 세 자녀도 어려서부터 건전한 인간관계를 한 번도 본 적이 없었기에 자라서도 그런 관계를 맺을 수 없는 사람이 되고 맙니다. 아내와 남편도 헤어 나올 수 없는 외로움에 빠졌습니다.

어느 추운 겨울, 아내가 실수로 자동차 안에 갇혔습니다. 몸이 얼어붙는 추위였습니다. 그녀는 소리칩니다. "거기 누구 없어요! 밖에 누구 없나요?" 그러나 밖은 침묵 속에 매서운 바람만 세차게 붑니다. 안타까움을 넘은 비극입니다. 아내는 몸이 얼어붙는 추위를 느끼며 자동차 안에 갇혀 있는데 가족은 엄마가 왜 늦는지, 왜 소식이 없는지 관심조차 없습니다.[52]

슬픈 사실이지만 누구나 겪을 법한 내용입니다. 그러나 한 가지 분명한 것은 그런 부부, 자녀일수록 그 내면에는 마음과 마음이 이어지기 원하는 커다란 함성이 존재합니다.

영국 조각가 안토니 곰리Anthony Gormley는 "새 시대의 미술은 표피적인 자극이 아니라 친밀한 소통을 요구한다"고 했습니다. 포스트모던 시대의 미술계의 변화를 통해서도 우리는 지금까지 인류가 상상하지 못했던 새로운 변화가 일어나고 있음을 짐작할 수 있습니다. 그것은 바로 소외된 현대인의 내면 깊은 곳에서 절규하는 친밀함의 욕구입니다.

만일 이 친밀함의 욕구가 채워지지 않을 때 고든 맥도날드 부부가 말한 것처럼, 음식물을 섭취하지 못한 육체가 기아(飢餓)에 빠지듯이 친밀함이 없는 영혼

MEMO

은 결국 정신적인 기아 상태에 빠지게 됩니다.[53] 그래서 인간의 친밀한 소통을 증진시키는 것은 우리 시대의 커다란 숙제입니다. 문제는 오늘 현대인이 이해하고 있는 친밀감이 너무 왜곡되어 있다는데 있습니다.

이 모조된 친밀감에 대해 영성 신학자 마르바 던은 중요한 관점을 제시했습니다. 그것은 우리의 문화 자체가 '친밀감'이라는 직접성의 문화[54]라는 것입니다. 쉽게 말하면 TV, 인터넷, 영화, 잡지와 같은 미디어 매체들은 우리에게 토크 쇼의 친밀감, 사이버 공간의 친밀감, 피상적인 성적 친밀감을 끊임없이 주입시킵니다. 이런 미디어가 주는 친밀감은 직접적이고, 즉시 느낄 수 있는 것입니다.

그 대표적인 것이 음악입니다. 음악은 그 자체로써 인간에게 친밀한 감정을 느끼게 해주는 힘을 갖고 있습니다. 그래서 우리는 예배시간에 음악의 기법을 통해서 얼마든지 하나님과의 친밀한 관계에 빠진 것처럼 만들 수 있습니다. 그러나 진정한 친밀감은 음악이 주는 느낌 그 이상입니다. 개그맨의 막장 유머보다 더 높은 차원입니다. 섹스보다 훨씬 깊은 의미가 담겨 있습니다. 결국 우리가 예배에서 추구해야 할 진정한 친밀감은 하나님의 성품에 기초하는 친밀감입니다. 그래서 우리는 삶의 현장이나 예배의 현장에서 진정한 친밀감을 추구하며 살아야 합니다.

---

52) 이 《브릿지 씨》(Mr. Bridge)라는 소설은 나중에 영화화 되었다. 고든 & 게일 맥도날드, 마음과 마음이 이어질 때 (IVP, 1994) p. 12, 재인용.
53) 고든 & 게일 맥도날드, 마음과 마음이 이어질 때(IVP, 1994), p. 18,19.
54) 마르바 던, 고귀한 시간 낭비-예배(이레서원, 2004), p. 143.

MEMO

Q.
예배묵상 : 나는 친밀감을 왜곡되지 않게 올바로 이해하고 있는가? 나는 어떤 친밀감을 추구하며 살아왔는가? 예배 가운데 나는 음악적인 친밀함과 하나님과의 인격적인 친밀함 중 어느 쪽을 더 추구했는가?

27일(화) 분열을 치유하는 가장 확실한 전략

오늘의 묵상구절

"그러므로 예물을 제단에 드리다가 거기서 네 형제에게 원망들을 만한 일이 있는 줄 생각나거든 예물을 제단 앞에 두고 먼저 가서 형제와 화목하고 그 후에 와서 예물을 드리라." _ 마 5:23, 24

이민사회는 소수민족의 상처와 분열의 아픔이 많은 곳입니다. 외적으로는 풍요로운 사회 같지만 그 내부적인 상황을 들여다보면 종종 열악한 선교지 같다는 생각을 합니다. 그래서 한국에서 오는 수많은 목회자들이 이민목회 현장에서 시행착오를 많이 겪습니다.

갈등의 원인은 대부분은 대인관계입니다. 주류사회에 소수민족이 경험하는 관계의 상처와 인종차별, 깨어진 자아의 경험이 교회 안에 그대로 투영됩니다.

MEMO

이민자들은 외로움과 고독, 아픔을 극복하기 위해 교회를 찾는 경우가 많습니다. 그들은 교회에서 친밀한 관계를 경험하기를 원합니다. 그래서 마음을 열고 사람들에게 다가갑니다.

그러나 자신의 존재가 조금이라도 무시당할 때 곪다가 엉뚱한 곳에서 터집니다. 그래서 유난히 이민교회 안에 싸움과 분열이 많습니다. 이는 한인교회에만 해당하지 않습니다. 이민 1세대들이 겪고 있는 공통적인 현상입니다.

제가 10년 넘게 이민교회를 경험하면서 확신하게 된 것이 하나 있습니다. 한인사회는 물론 교회의 분열과 상처를 치유할 수 있는 가장 확실한 전략은 바로 '예배'라는 것입니다. 예배 때마다 하나님의 영광스러운 임재와 성령의 친밀하신 감화, 어루만지심이 필요합니다. 그렇지 않고는 내면 깊은 상처와 관계의 갈등을 치유하고 회복하는 것은 불가능해 보입니다.

리처드 포스터의 말처럼 사람들은 예배를 통해 진실을 체험하며, 예수의 생명에 접촉하는 것이 절실합니다. 그래서 현대교회가 추구해야 할 가장 우선적인 가치들 가운데 하나는 하나님과의 친밀감을 회복하는 것입니다. 감사한 것은 우리가 매주 드리는 예배에서 바로 하나님과의 신적 친밀감을 매주 경험하고 접할 수 있다는 것입니다.

그런데 집회를 다니다보면 10년, 20년 예배드려도 영적 목마름이 해갈되지 않는다는 성도를 종종 만납니다. 이들은 예배드리고 나면 더 목이 마르다며 안타까워합니다. 본래 예배는 흘러넘치는 하나님 말씀의 꼴, 예수의 생명, 성령의 역사로 가득한 현장입니다.

사람들은 하나님의 임재와 성령의 감동으로 마음이 뜨거워지고, 영혼이 살아

MEMO

나는 영적 부흥을 애타게 갈망하고 있습니다. 영적 오아시스를 찾기 위해 광야를 헤매며 헐떡이고 있습니다. 어쩌면 그 영적 임계점에 우리가 도달해 있는지도 모릅니다. 꼭지만 열어주면 터져 나올 생수의 강물이 우리를 기다리고 있을지 모릅니다.

이 꼭지를 터주는 역할을 누가 할 수 있습니까? 당연히 교회입니다. 현대 교회는 눈을 떠야 합니다. 현대 성도들의 영적 필요가 무엇인지 알아야 합니다. 소비자 중심의 예배를 말하는 것이 아닙니다. 현대인들이 목말라하는 영성의 현주소가 어디인지 분별해야 합니다. 이들이 사회에서 견뎌내야 하는 영적싸움의 무게를 알아야 합니다.

이들이 예배 가운데 회복해야 할 하나님과의 친밀한 관계는 단순히 인간의 정서적 필요에 그치지 않습니다. 오히려 하나님께서 간절하게 찾으시는 압도적인 신적 요구에 기인합니다. 한국교회는 물론 한국 사회는 지금 관계의 회복과 죽었던 영성이 살아나고 삶이 변화되는 영적 부흥이 시급합니다. 그렇기 위해서 선행될 것이 하나 있습니다. 그것은 먼저 하나 됨을 회복하는 것입니다.

예배드리기 전에 먼저 형제와 화목하는 것입니다. 원수를 용서하는 것입니다. 이민교회가 왜 예배의 능력을 잃었습니까? 바로 분열 때문입니다. 분열의 영을 가슴에 품고, 서로를 향한 비수를 가슴에 지닌 채 드리는 예배를 하나님이 기쁘게 받으시겠습니까? 주님은 우리에게 요구하십니다.

"먼저 가서 형제와 화목하고 그 후에 와서 예물을 드리라." _ 24절

MEMO

예배묵상 : 친밀한 관계로 나아가기 위해 먼저 화목해야 한다. 내가
화목, 용서해야 할 대상은 누구인가? 어떻게 화목을 시도할 것인가?
구체적으로 적용해보자.

28일(수) 친밀함이 예배의 핵이다

오늘의 묵상구절

"아버지께 참으로 예배하는 자들은 신령과 진정으로 예배할 때가 오나니
곧 이 때라. 아버지께서는 이렇게 자기에게 예배하는 자들을 찾으시느니
라."_요 4:23

친밀감은 모든 관계의 핵입니다. 고든 & 게일 맥도날드는 음식이 위장의 연
료라면 친밀함은 영혼의 연료[55]라고 했습니다. 그래서 친밀함은 서로의 영혼을
풍성하게 증진시킵니다. 하나님과 우리의 친밀한 관계를 표현한 히브리어가
'야다' 입니다. 이 관계는 마치 부부가 서로를 깊이 아는 단계의 앎입니다. 그런

---

55) 고든 & 게일 맥도날드, p. 18.

MEMO

데 과연 모든 세상을 초월하신 하나님과 이런 친밀한 관계가 가능할까요? 그렇게 위대하신 분과 교제할 자격이 있는 피조물이 과연 있기나 할까요?

당연히 존재합니다. 필립 얀시의 말처럼 친밀감은 하나님과 인간 사이의 엄청난 차이를 깊이 인식하는데서 비롯됩니다. 주님은 시공을 초월해서 움직이십니다. 깊이를 잴 수 없는 위대하심 덕분에 모든 이들이 그토록 갈망하는 친밀한 관계가 실제로 가능해진다는 것입니다. 아이러니컬하게도 하나님과 인간 사이에 존재하는 거대한 간격이 오히려 친밀감을 일으킨다는 것입니다.[56]

이 친밀감이야말로 예배의 핵입니다. 예수님께서 요한복음 4장에서 가르쳐 주신 예배는 이 사실을 너무 분명하게 가르칩니다.

> **"아버지께 참으로 예배하는 자들은... 아버지께서는 이렇게 자기에게 예배 하는 자들을 찾으시느니라"** _ 요 4:23

20년 넘게 묵상하고, 알던 말씀이었지만 최근 새로운 사실을 깨달았습니다. 이 말씀의 서두에 표현된 '아버지' 라는 단어를 주목해야 합니다. 예수님은 하나님이 아닌 '아버지' 라는 표현을 사용하셨습니다. 하나님을 감히 아버지라고 부르는 것은 당시 유대관습에서는 혁명적인 선언입니다. 이는 예수께서 하나님을 아버지와 같이 친밀한 대상으로 인식하신 것입니다.

예수께서 가르쳐주신 새 시대의 새 예배는 아버지와 아들의 관계 속에서의

---

56) 필립 얀시, 기도 (청림 출판, 2007), p. 81~83.

MEMO

예배입니다. 아버지와의 친밀감이 있는 예배입니다. 아버지와 아들의 관계, 그 친밀한 사귐이 없을 때 예배의 문은 닫히고 맙니다.

저는 하나님과의 친밀한 관계를 모르고 17년 동안 교회에 다녔습니다. 하나님과 저의 관계는 단지 종교적인 체면유지 정도의 관계였습니다. 그래서 예배는 항상 졸렸고, 설교는 좋은 도덕적 강연 이상, 이하도 아니었습니다. 생명이 없는 관계는 죽은 관계일 뿐입니다. 하나님이 생명의 근원이라고 하지만, 살아계신 하나님과의 친밀한 만남이 없는 종교생활은 더욱 비참한 것입니다. 세상과 신앙 양다리를 걸쳐놓고 사는 제 인생은 갈수록 불행했고, 혼란스러워 갔습니다.

그러나 군대에서 하나님을 만났습니다. 그때부터 하나님은 더 이상 비인격적인 하나님이 아니었습니다. 저의 내면 깊은 곳에 있는 사고, 생각과 아픔, 부끄러움까지도 아버지 하나님 안에서 하나 둘 회복되고, 치유되었습니다.

> **"평안을 너희에게 끼치노니 곧 나의 평안을 너희에게 주노라. 내가 너희에게 주는 것은 세상이 주는 것 같지 아니하니라. 너희는 마음에 근심도 말고 두려워하지도 말라."** _ 요 14: 27

이 말씀은 내 안의 두려움을 몰아내고 진정한 평안을 회복케 한 결정적인 말씀이었습니다. 예수님과의 친밀감은 그 어떤 주변 환경도 극복할 수 있는 힘을 주었습니다. 그래서 우리가 회중예배 때마다 빠지지 않고 반드시 추구해야 할 것은 마르바 던이 말한 것처럼 진정한 친밀감으로 예배를 두르며 가득 채우는

MEMO

것입니다.[57)]

> Q. 예배묵상 : 내게 하나님은 아버지 같은 친밀한 분이신가? 무서운 신 같이 두려운 분이신가? 매주 드리는 공예배 가운데 나는 아버지 하나님과의 친밀함을 누리며 예배하는가?

29일(목) 하나님의 손대신 얼굴을 구하라

오늘의 묵상구절

"그의 행위를 모세에게, 그의 행사를 이스라엘 자손에게 알리셨도다" _ 시 103:7

딸이 5살 즈음, 종종 내게는 생소한 수십 명의 이름을 줄줄이 말할 때가 있습니다. 신기해서 물어보면 다 선교원 친구, 언니, 오빠들이랍니다. 5살 밖에 안 되는 어린 아이지만 이름 하나 하나가 자기에겐 특별한 의미가 있는 것입니다.

---

57) 마르바 던, p. 143.

MEMO

어린이에게 친구는 수단이 아닙니다. 그러나 우리 어른들에게 만남은 목적을 위한 수단과 방법으로 퇴색해 갑니다. 하나님과의 관계도 똑같습니다. 하나님을 종교생활의 수단으로 여기는 경우가 있습니다. 자신의 삶의 목적을 이루기 위한 도깨비 방망이에 불과한 것입니다. 하나님과의 만남 그 자체보다 주변 것에 의미를 둡니다. 십일조를 얼마나 하는지, 기도는 몇 시간 하는지, 신앙생활을 몇 년 했는지, 교회 직책이 무엇인지? 목사, 장로, 집사 등 직함에 따라 그 사람의 신앙수준이 결정되는 슬픈 현실입니다.

예배자의 생명은 정기적으로 하나님과 인격적으로 만나는 일입니다. 하나님의 얼굴을 구해야 합니다. 그런데 하나님의 얼굴보다 하나님의 손을 구하는 예배자들이 많습니다. 시편 103편 3~14절은 하나님이 자신을 백성에게 드러내는 방식을 선명하게 보여줍니다.

7절 "그 행위를 모세에게, 그 행사를 이스라엘 자손에게 알리셨도다"는 전체 14절 가운데 중심 구절입니다. 이 한 구절이 그 앞과 뒤의 내용은 물론 주제까지 완전히 대조적으로 갈라놓습니다. 3절부터 6절을 잘 살펴보면 하나님께서 일하신 내용이 나옵니다.

> "모든 죄악을 사하셨고, 모든 병을 고치셨고, 생명을 파멸에서 구속하셨고, 인자와 긍휼로 관을 씌우셨다. 좋은 것으로 소원을 만족케 하셔서 이스라엘의 청춘을 독수리같이 새롭게 하셨다. 의로운 일을 행하셨고, 압박당하는 모든 자들을 위해 일하셨다."

MEMO

그러나 8절부터 14절은 하나님의 성품을 설명합니다.

"자비로우시며, 은혜로우시며, 노하기를 더디 하시며, 인자하심이 풍부하시며, 항상 책망하지 않으시며, 노를 영원히 품지 않으시며, 우리의 죄를 따라 징계하지 않으시며, 우리의 체질을 아신다."

7절은 이 전후 문맥의 의미를 명쾌하게 분리해서 해석해줍니다. 즉 지도자인 모세에게는 하나님의 행위를, 백성에게는 행하신 행사를 알리셨다는 것입니다. 여기에서 행위와 행사라는 단어는 언뜻 보면 분명한 구분이 안 보입니다. 그러나 영어성경(NKJV)을 보면 행위는 'His ways'로, 행사는 'His acts'로 분명히 구분되어 있고, 히브리어에서도 행위는 '데레크'로써 길, 여행, 태도, 습관의 의미이고, 행사는 '알릴라' 즉 행위(deed)의 의미를 갖습니다.

누구에게 자신의 마음에 있는 어떤 생각이나 태도, 뜻을 알려주는 것은 가까운 사람이 아니면 쉽지 않습니다. 특히 습관은 더더욱 그렇습니다. 가까운 사람이 아니면 알 수가 없는 것입니다. 그러나 보통 내가 행한 어떤 훌륭한 일에 대해서는 많은 사람에게 알리고 싶어 하는 것이 일반입니다. 이처럼 하나님은 모세에게는 시편 103편 8~14절에 있는 것처럼 자신의 뜻, 성품, 얼굴을 알려주셨습니다. 그러나 이스라엘 백성에게는 1~6절처럼 자신이 행하신 일들, 손을 알려주었습니다.

감사한 것은 신약시대는 예수를 믿는 자들은 구약 백성들의 신분처럼 하나님을 간접적으로 아는 것이 아니라, 누구나 제사장 직분(벧전 2:9)으로 하나님을

MEMO

일대일로 직접 만날 수 있습니다. 이 말은 이제 신약의 성도들은 하나님의 손뿐만 아니라 하나님의 얼굴, 뜻, 습관까지도 친밀하게 알 수 있는 존재로 격상되었다는 뜻입니다.

우리는 오바마 대통령이나 박정희 대통령에 대해서 잘 압니다. 그러나 그들의 성품을 아내와 남편처럼 알지는 못합니다. 바로 그 차이입니다. 역사상 수많은 위대한 크리스천들이 하나님과 1:1로 대화하며 살아왔습니다. 하나님은 바로 그들과 얼굴과 얼굴을 대면하는 친밀감으로 일하셨고, 역사를 바꿔 놓으셨습니다. 하나님과의 친밀감, 이것이 우리 사역의 가장 큰 능력입니다. 이 능력이 예수 믿는 자에게 주어졌는데 이것을 놓친다면 예수 믿는 특권을 포기하는 것입니다.

그런데 우리는 아직도 하나님의 손만 바랍니다. 이제 눈을 들어 하나님의 얼굴을 구해야 합니다. 예배사역자들이나 음악사역자들의 최 우선순위는 예술이 아니라 예수 그리스도와의 인격적인 관계입니다.

하나님의 음성을 들어야 합니다. 하나님께 듣지 않는 자가 어떻게 하나님을 예배할 수 있습니까? 하나님께서 말씀하시는 것에 귀 기울이지 않으면서 어떻게 하나님의 마음을 알겠습니까? 하나님의 마음을 모르면서 어떻게 하나님이 기뻐하시는 것에 순종할 수 있겠습니까? 하나님께 기도하지 않고 어떻게 하나님의 역사를 경험할 수 있겠습니까? 하나님의 역사를 경험하지 않고 어떻게 살아계신 하나님을 찬양할 수 있겠습니까? 나를 변화시키고, 세상을 변화시키는 일은 하나님과의 친밀한 교제가 살아있는 골방에서 시작됩니다. 이것은 아무리 강조해도 부족하지 않습니다.

MEMO

Q. 예배묵상 : 그동안 나는 예배드릴 때마다 하나님의 손을 구했는가?
아니면 하나님의 얼굴을 구했는가?

30일(금) 임재의 친밀한 대면

오늘의 묵상구절

"우리가 다 수건을 벗은 얼굴로 거울을 보는 것 같이 주의 영광을 보매 그
와 같은 형상으로 변화하여 영광에서 영광에 이르니 곧 주의 영으로 말미
암음이니라" _ 고후 3:18

2009년 여름, 뉴욕의 할렘가에 있는 브루클린 테버네클 교회를 방문했습니
다. 오래 전부터 방문하고 싶었던 곳이었습니다. 예배를 연구하고 자료를 수집
하는 전문가로서 첫 방문 시 자연스런 반응은 예배 흐름을 분석하고, 순서의 연
결, 음향과 조명, 회중의 참여도, 인도자의 태도, 음악 등에 관심을 갖습니다.
그러나 그럴 여유가 없었습니다. 예배실에 들어서자마자 예배의 열정, 찬양의
깊이, 충만하신 하나님의 임재에 압도되었습니다. 그곳에 임하신 하나님의 영
광이 내 추한 존재를 압도했습니다. 흐르는 눈물을 주체할 수 없었습니다. 머리

MEMO

를 넘어 가슴으로 하나님을 만났습니다.

존 파이퍼가 《하나님의 열심》에서 예배의 핵심은 깊고 뜨겁게 하나님을 즐거워하는 것이며, 하나님께서 예배의 중심이 되시도록 다른 아무것도 방해가 되어서는 안 된다고 한 것처럼, 내 전 존재와 감각과 관심은 '나'를 떠나 온통 영광의 '하나님'께 초점을 두었고, 그 하나님께 뜨겁게 반응했으며, 충만한 경외감으로 깊은 경배에 들어갔습니다.

짐 심발라 목사의 메시지는 단순 명료했습니다. "아버지께서 나를 보내신 것 같이 나도 너희를 보내노라."(요 20:21) 복잡한 논리적 동의나 설득이 필요치 않았습니다. 그저 한 사람 한 사람과 대화 나누듯 던지는 메시지가 하나님의 음성으로 다가왔습니다. 메시지 후 세상에 보내시는 주의 음성에 순종하는 자들을 앞으로 초청하는 시간에 단 앞으로 나아가 눈물로 찬양하고 기도했습니다. "I Surrender All. I Surrender All." 억지로 자신을 드리는 항복이 아니라 그분의 넘치는 사랑과 풍성하신 은혜의 폭포수 속에서 자발적으로 드리는 고백이었습니다. 최근 씨름하던 문제에서 더 이상 고집피우지 않고 주의 뜻을 전적으로 따르겠다는 순종의 결단이었습니다.

기도를 마치고 눈을 떴는데 바로 코앞에 짐 심발라 목사가 헌신자들을 위해 중보하고 계셨습니다. 어느 누구도 그분께 직접 안수를 받으려고 움직이지 않았고, 심발라 목사도 그저 눈을 감고 평온한 모습으로 앞에 있는 지체들을 위해 조용히 기도하고 있었습니다. 문득 이 분의 사역은 어떤 인위적인 태도가 아니라 하나님과의 친밀한 관계로부터 흘러나오는 본질적인 힘에 있다는 생각이 들었습니다. 심발라 목사는 "제일 안 좋은 예배는 예배인도자, 연주자, 설교자가

MEMO

드러나는 예배이다"라고 자신이 말한 그대로 조용히 예배하고 있었습니다.

하나님은 '스스로 있는 분'이십니다.(I am who I am _ 출 3:14) 아무것도 그분을 충족시키는데 필요하지 않지만 오직 그분이 갈망하시는 것은 자녀인 인간과의 사랑입니다. 이날 예배 드리는 내내 그 충만하신 아버지 하나님의 친밀한 사랑에 오랫동안 노출되어 있었습니다. 예배는 끝났지만 여전히 나는 하나님의 임재와 그분을 직면한 자아 깊은 곳에 존재의 충만감으로 가득 차 있었습니다. 시간을 보니 어느덧 2시간이나 흘렀습니다. 예배 2시간이 이토록 짧았던 기억이 아련합니다. 내 전존재를 아버지 하나님께 반응하고 그 존전에 자신을 항복으로 내어드린 드문 예배체험이었습니다.

고후 3:18에서 바울사도은 우리가 '수건을 벗은 얼굴로 거울을 보는 것 같이 주의 영광을 볼 때 우리도 그의 형상으로 변화된다'고 했습니다. 수건은 하나님을 보지 못하게 하는 우리의 완고함이요, 율법에 젖거나 말씀보다 전통을 더 소중하게 여기는 태도입니다. 이를 극복하는 지름길은 예수 그리스도 밖에 없습니다.(고후 3:14,16)

수건을 벗고 거울을 보듯 얼굴과 얼굴을 맞대고 그리스도의 영광을 볼 때 우리는 예수의 형상으로 변화됩니다. 여기에서 변화(메타몰프호오)는 영어로 to be transformed 즉 내적 성질, 특색과 같은 사물 본성의 변화입니다. 다시 말해서 "그리스도의 장성한 분량이 충만한"(빌 4:13) 형상으로 우리의 본성 자체가 변형되는 놀라운 기적이 벌어지는 것입니다.

부르클린 테버네클교회에서 경험한 임재의 친밀한 대면은 그 이후 내 삶에 중요한 변화를 가져왔습니다. 사람들을 대할 때 성격차이, 기호, 스타일, 내 주

MEMO

장 등과 같은 겉모습에 집착하지 않고 신뢰, 존재의 가치, 마음, 사랑 같은 관계의 본질과 내면의 소리에 귀기울이기 시작했습니다. 꽤 오래동안 이 변화로 인한 영향이 지속되었습니다. 하나님의 속성이 내 삶에 능력으로 녹아드는 경험이었습니다. 존재의 변화는 단 한 번의 예배로도 충분합니다.

> **Q.** 예배묵상 : 예배 가운데 하나님의 임재, 그리스도의 영광, 친밀한 사랑, 구원의 기쁨, 순종해야 할 명령, 나에게 주시는 말씀 등을 경험한 적이 있었는가? 그 결과 자신의 삶에 어떤 변화가 일어났는가?

Ⅲ. 적용

동전의 양면과 같은 경외감과 친밀감의 상관관계를 보다 깊게 이해하게 해준 한 경험을 최근에 했습니다. 바로 남미의 LAMP 찬양선교단과의 만남입니다. '전능하신 나의 주 하나님은', '주께 가까이', '사랑스런 주님 음성', '주님마음 내게 주소서' 등 주옥같은 남미 예배 곡들을 한국교회에 소개한 주인공입니다. 브라질의 한인 디아스포라 찬양사역자들이 뜻을 모아 결성한 LAMP는 남미지역의 찬양들을 한글로 번안하여 음반을 만들고, 순회찬양집회활동을 하

MEMO

는 예배공동체입니다.

이 팀을 지도하고 있는 박지범 선교사는 선교사 아버지 밑에서 자란 이유로 5번이나 타국으로 이사하고, 5번의 타 언어를 새롭게 습득해야 하는 불운한(?) 어린 시절을 겪었지만, 이 경험이 오히려 다양한 세계와 문화를 이해하는데 커다란 도움이 되었습니다.

그러면서 한민족 안에 세대에 걸쳐 흘러온 '한'의 정서, 유교문화로 인해 한국 기독교가 유독 경직된 하나님을 섬기는 모습을 보았습니다. 그래서 수직적인 관계문화에 익숙한 한국 성도들이 지닌 하나님에 대한 인식, 예배 문화를 남미의 수평적 문화가 잘 보완할 수 있다는 가능성을 발견했다는 것입니다.

위대하신 하나님을 경외하는 마음도 우리 안에 형성된, 하나님에 대해 지나치게 경직된 인식 때문에 책임감과 의무감에 의해 예배에 참석하게 되는데, 하나님과의 수평적 친밀감이 제대로 회복될 때 오히려 더욱 온전히 하나님을 경외하는 깊은 단계로 나아갈 수 있다는 박 선교사의 외침이 계속 뇌리를 맴돕니다. 경외감과 친밀감, 이 두 가지 예배의 법칙이 균형을 이룰 때 우리의 하나님 경험은 더욱 풍성해질 것입니다.

MEMO

8th week
제6법칙 '영과 진리'

I. 도입

워싱턴 DC 인근에 있는 어느 교회의 목사는 설교할 때마다 '성령의 한 방울의 기름 부음'을 간절히 사모하며 기도한다고 합니다. 이 한 방울의 효험을 물리적으로 증명할 길은 없습니다. 그러나 이 고백은 수십 년간의 목회 현장 체험에서 흘러나온 그분의 경험적 명제입니다. 한 방울의 성령의 역사로도 예배의 현장에서는 놀라운 역사가 일어날 수 있습니다.

칼빈주의와 청교도정신을 기반으로 살아있는 불꽃설교로 유명한 김남준 목사도 설교의 핵심 세 가지 요소 가운데 하나를 성령으로 꼽았습니다.

"한 편의 설교는 한 사발의 피 입니다. 하나님께서는 설교자를 만지고 지나가십니다. 설교는 그 진리가 피처럼 흘러져 나오는 토혈과 같은 것입니다. 이를 위해 진리에 대한 지성적 이해, 설교자의 체험, 설교현장에서의 성령의 역사 이 세 가지가 필요합니다."[58]

성령의 능력이 사라진 설교는 강연입니다. 성령의 역사가 없는 예배는 순서

MEMO

와 의식에 불과합니다. 성령의 능력이 없는 교회는 건물이고, 성령의 능력이 사라진 삶은 탈진입니다. 우리에게 전략도 중요하고 교육도 중요하지만 그 무엇보다 진리 안에서 불붙는 성령의 역사가 더 중요합니다. 그래서 예배의 현장에서 성령과 진리는 동전의 양면성과 같습니다.

벌써 7주차입니다. 영과 진리로 드리는 예배는 7가지 예배법칙 가운데 가장 중요한 두뇌에 해당합니다. 그래서 이번 한주간은 예배의 뇌신경을 개발하는 한주일이 될 것입니다. 매일 15분씩 주어진 글을 읽고 묵상적용 질문에 간단하게 노트하세요.

II. 주중 과제

매일 15분씩 주어진 글을 읽고 묵상적용 질문에 간단하게 노트하세요.

30일(월) 영으로 예배하라

오늘의 묵상구절

"하나님은 영이시니 예배하는 자가 영과 진리로 예배할지니라." _ 요 4:23

---

58) "김남준 목사, 설교는 한 사발의 피 입니다" (크리스천투데이 인터뷰, 2005. 3. 28)

MEMO

이 말씀은 예배에 대한 예수의 직접적인 가르침입니다. 수많은 저자들이 이 본문의 '신령과 진정'을 곧바로 '성령과 말씀'으로 해석합니다. 저도 결과론적으로는 이 해석에 동의 하지만 먼저 다루고 넘어가야 할 부분이 있습니다.

성경을 해석할 때 의미적 해석 이전에 문자적 해석이 필요합니다. 신령은 in spirit, 즉 '영으로', 진정은 in truth 즉 '진실하게' 또는 '진리로'의 뜻을 담고 있습니다. 예수께서 직접 성령과 말씀이라고 언급하지 않으신 이유가 있습니다. 그것은 영이란 개념, 진리란 개념이 갖고 있는 의미는 성령과 말씀보다 훨씬 포괄적입니다.

'영'은 헬라어 명사로 '프뉴마'입니다. 신약성경에서 400여회 등장하며 약 7가지의 뜻으로 사용됩니다. 즉 '바람', '숨과 호흡과 생기', '영, 영혼', '육체를 떠난 인간의 영혼', '인간보다 높고 하나님보다 낮은 영', '귀신이나 더러운 영', '성령' 등 다양한 의미가 있습니다.

프뉴마가 '성령'이라는 의미로 쓰이긴 했지만 다른 의미로도 너무 많이 사용되었습니다. 그래서 신약의 기자들은 '성령'을 의미할 때는 '영'이라는 단어하나만 쓰지 않았습니다. 행 1:8의 "오직 성령이 너희에게 임하시면"이나 고전 12:3의 "성령이 아니고는 예수를 주로 시인할 수 없느니라"에서의 '성령'은 Holy Spirit 즉 '하기오스 프뉴마'라고 정확하게 명시됩니다. 그렇다면 '영으로(in spirit) 예배하라'를 무조건 '성령으로 예배하라'로 해석하는 것에는 무리가 있습니다. 즉 요한복음 4장 23절의 '신령'은 성령을 포함한 좀 더 포괄적인 개념의 '영'으로 봐야 합니다.

MEMO

살리는 것은 영이다

인간은 영적인 존재입니다. 인간의 구성은 보통 '영-육-혼'의 3분법이나, '영혼-육체'의 2분법으로 정의합니다. 어느 쪽이건 영의 존재는 포함됩니다. '영'의 헬라어 원어인 프뉴마의 첫 번째 뜻은 바람입니다. 바람은 평소에 보이지 않습니다. 그러나 한 번 움직임이 빨라지면 거대한 폭풍을 일으킵니다. 그 힘이 얼마나 강력한지 나무와 집, 건물, 거대한 배까지 쓰러뜨립니다.

영도 마찬가지입니다. 평소에는 보이지 않고 들리지 않습니다. 존재조차 확인하기 어렵습니다. 그러나 활동하기 시작하면 놀라운 현상이 일어납니다. 하나님을 모르는 인간도 영적인 능력으로 초자연적인 역사를 일으키는 경우가 종종 있습니다. 그러나 하나님의 영과는 비할 바가 못 됩니다.

어느 날 예수께서 제자들에게 말씀하셨습니다.

> "살리는 것은 영(프뉴마)이니 육은 아무것도 유익하게 하지 못하느니라.
> 내가 너희에게 이른 말들은 곧 영이요, 생명이라." _요 6:63

사람을 살리는 것은 육이 아니라 영입니다. 이 구절에서 예수께서 사용하신 프뉴마의 의미는 '내가 너희에게 이른 말들' 즉, 예수님의 말씀과 관계가 있습니다.

> "내가 너희에게 이른 말들은 곧 영이요, 생명이라." _요 6:63 하반절

MEMO

예수님께서 우리에게 남기신 말씀은 죽어 있는 문자가 아니라 살아서 생명력 있는 '영'입니다. 그래서 영으로써의 말씀은 우리를 살리는 것입니다.

'살리는 것'의 헬라어 '조오포이에오'는 신약성경에서 10회 나오는데 모두 구원론적 의미를 지닙니다. 즉 배고파서 굶어 죽기 일보직전인 몸에 음식이 들어가 육체를 회생하는 그런 '살리는 것'이 아니라 영원히 죽을 수밖에 없는 허탄한 육신을 예수의 생명으로 살린다는 의미입니다.

사람들은 눈에 보이는 육(肉)이 사람을 살린다고 생각합니다. 그래서 육체의 건강을 위해 돈과 시간과 마음을 쏟아 붓습니다. 그러나 여기에는 한계가 있습니다.

세계 최고의 골프선수인 타이거 우즈는 보통사람보다 훨씬 유연하고 강인한 몸을 지녔습니다. 게다가 그 몸을 열심히 훈련해서 스윙할 할 때 볼을 다른 선수들보다 더 멀리 더 정확하게 떨어뜨립니다. 그러나 그 정교한 몸도 육체의 욕심으로 하루아침에 무너졌습니다. 육은 사람을 살리지 못합니다. 그래서 바울은 "육신의 생각은 사망이요 영의 생각은 생명과 평안이라"(롬 8:6)고 강조했습니다.

영화 《인디애나 존스》에서 고고학자가 성배를 찾는 장면이 나옵니다. 그 성배는 예수께서 최후의 만찬 때 제자들과 함께 포도주를 마셨던 잔입니다. 그러나 그 거룩한 잔인 성배가 제아무리 성스러워도 이것으로는 사람을 살릴 수 없습니다. 한낱 물체에 불과합니다. 육(肉)으로 영을 대신 할 수 없습니다. 육은 영의 대체물이나 보조물이 아닙니다.[59] 육은 육이요, 영은 영입니다.

바울은 로마서에서 성령이 우리 안에 있는 영과 더불어 일한다고 말했습니다.

MEMO

"성령이 친히 우리 영으로 더불어 우리가 하나님의 자녀인 것을 증거하시나니"_롬 8:16

인간의 영이 성령과 함께 역사할 때 눈에 보이지 않고 귀에 들리지 않지만 놀라운 일이 일어납니다. 박정관 목사는 하나님의 영이 활동하면 거룩과 생명에 속한 일, 사랑의 사귐, 존중과 이해, 용서와 용납, 성장과 성숙이 일어난다고 했습니다.[60] 그래서 참된 예배자는 하나님의 영에 영으로 반응하는 것입니다.

바울은 빌립보 교인들에게 '하나님의 성령으로 예배'(빌 3:3)하라고 했습니다. 이 문장을 헬라어 원어로 보면 '성령의 충동으로 예배하는 자'입니다. 즉 성령은 우리의 영을 충동하십니다. 그래서 죽어있던 영이 깨어나고, 잠자던 영이 일어나며, 무감각했던 영이 지각을 회복하는 것입니다. 미움을 사랑으로 바꾸고, 절망을 희망으로 바꾸는 것입니다.

마음과 이성과 영

인간의 내부에는 하나님의 영에 대해 반응할 수 있는 어떤 기관이 있음이 분명합니다. 그것은 '마음', '이성', '영'입니다. 바울은 이 용어들을 그의 서신서에서 자주 인용했습니다.

---

59) 윤성목 목사, 요한복음 강해(말씀침례교회), 2009년 2월 6일 설교 중
60) 박정관, 하나님이 찾으시는 참된 예배자 (서울: 생명의 말씀사, 2006), p. 161.

MEMO

"내가 만일 방언으로 기도하면 나의 영이 기도하거니와 나의 마음은 열매를 맺지 못하리라. 그러면 어떻게 할꼬? 내가 영으로 기도하고 또 마음으로 기도하며 내가 영으로 찬미하고 또 마음으로 찬미하리라." _ 고전 14:14,15

여기에서 마음으로 번역된 헬라어 '누스'는 헬라 철학과 종교에서 세계와 존재를 이해하는 사고 기관입니다. 표준새번역에서는 마음을 '이성'으로 번역했습니다.

"내가 방언으로 기도하면 나의 영은 기도하지만, 나의 이성은 아무런 열매를 얻지 못합니다." _ 고전 14:14 표준새번역

이 말씀에서 '영'만으로는 우리가 아무것도 지각할 수 없다는 것을 깨닫게 됩니다. 즉 영은 인간의 인지 대상이 아닙니다. 그러므로 그 영이 인간의 마음(이성)과 연합할 때 우리는 하나님을 인식할 수 있습니다. 그래서 사도바울은 영으로 기도(찬미)하고, 마음으로 기도(찬미)하고 하나님을 찬양할 때 마음, 이성만이 아닌 '영'으로도 찬양, 기도해야 한다는 것을 강조하는 것입니다.

바울은 고린도전서 14장 14절에서 이를 '방언'으로 비교해서 설명했습니다. 즉 방언은 영으로 하는 기도이기 때문에 자신에게 아무런 유익이 없다는 것입니다. 그러므로 영으로만 하는 찬양도 자신에게는 아무런 유익이 없습니다. 중요한 것은 영과 이성, 영과 마음이 하나 된 찬양이 필요합니다.

MEMO

정리해 봅시다. 예수님께서는 영으로 예배하라고 하셨습니다. 영은 우리를 살리는 것입니다. 예배는 한계 있는 육신만으로는 결코 드릴 수 없습니다. 주의 성령이 우리의 잠자던 영을 충동할 때 우리의 전인체가 깨어납니다. 영의 활동은 마음과 이성이 함께 할 때 인식됩니다. 그래서 영은 하나님을 온전히 예배하는 길을 열어줍니다.

Q. 예배묵상 : 하나님은 영이시다. 살리는 것은 영이다. 예수님은 영과 진리로 예배하라고 하셨다. 그동안 예배에 참석할 때마다 내 몸과 이성과 경험을 의지해서 예배했는가? 아니면 내 영으로 성령께 의지해서 예배했는가?

32일(화) 예배는 성령의 주 무대이다

오늘의 묵상구절

"그러나 진리의 영이신 그 분이 오시면 너희를 모든 진리로 인도하시리라. 그 분은 스스로 말씀하지 아니하시며, 무엇이나 들은 것을 말씀하실 것이요, 또 너희에게 일어날 일들을 알려 주시리라." _ 요 16:13, 한글킹제임스

MEMO

요한계시록 2장과 3장에 보면 사도요한이 독특한 어구를 8번이나 반복하여 강조하는 구절이 나옵니다.

"귀 있는 자는 성령이 교회들에게 하시는 말씀을 들을지어다." _ 계 3:6

여기에서 요한이 '교회들'이라고 표현한 것을 주목하십시오. 즉 단수가 아닌 복수로써 '모든 귀 있는 성도'를 의미합니다. 성령은 성도에게 말씀하십니다. 특히 교회에 말씀하십니다. 함께 모인 회중에게 말씀하십니다. 그래서 함께 모여 드리는 예배 가운데 성령께서 말씀하시고, 역사하시는 것은 지극히 자연스러운 현상입니다.

회중 예배 가운데 성령의 역할은 아무리 강조해도 지나치지 않습니다. 예배는 성령의 주 무대가 되어야 합니다. 물론 균형이 필요합니다. 성령을 배제한 예배는 딱딱한 장례의식이 되고, 성령을 지나치게 추구하면 시끄러운 성령주의가 됩니다. 그래서 바울사도는 권면합니다.

"모든 것을 적당하게 하고 질서대로 하라." _ 고전 14:40

분명한 것은 그리스도인의 모임에는 성령이 함께 하시며, 그 모임에는 하늘의 기쁨이 있고, 성령의 영감이 있고, 계시가 있습니다. 여기에 반응할 때 성도에게는 놀라운 역사가 일어나는 것입니다.

웨일즈 부흥 당시 유명한 예화입니다. 한 사람이 광산에서 일을 끝내고 집에

MEMO

와 보니 아내가 닷새 동안 저녁도 안 차려 놓고 부흥회에 간 것을 알고 너무나 화가 나서 교회로 찾아 갔습니다. 예배당에는 사람들이 너무 많아서 들어갈 수조차 없었습니다.

그래도 아내를 끄집어내려고 사람들을 뚫고 들어갔는데, 잠시 후 자신이 예배당 제일 앞에서 손을 들고 기도하고 있는 모습을 발견했다고 합니다. 예배 안에 성령의 임재가 너무 강해서 그 임재 앞에 꺼꾸러지지 못할 영혼이 없었던 것입니다.[61]

그래서 김남준 목사는 "물질에 속한 인간은 오직 성령을 통해서만 신령한 세계를 알 수 있고 느낄 수 있으며 하나님의 인격을 체험할 수 있다. 그러므로 예배는 반드시 성령이 역사하는 주 무대가 되어야 한다"[62]고 했습니다.

어떤 사람은 성령이 주 무대가 되도록 하면 예배가 난장판이 될까봐 걱정합니다. 그러나 걱정할 필요 없습니다. 성령은 무질서하신 분이 아닙니다. 성령은 절대로 하나님을 거스르고 자신의 뜻대로 일하지 않습니다.

"그 분은 스스로 말씀하지 아니하시며, 무엇이나 들은 것을 말씀하실 것이요, 또 너희에게 일어날 일들을 알려 주시리라." _ 요 16:13 하반절, 한글킹제임스

---

61) R. T. 켄달, 예배에 숨겨진 비밀 (예수전도단, 2005), p. 36.
62) 김남준, 예배의 감격에 빠져라(서울: 규장문화사, 1997), p. 71

MEMO

오히려 성령은 자신을 드러내지 않고 항상 예수를 드러내셔서 결국 하나님께 영광 돌리게 하는 일을 하십니다.

> "그 분이 나를 영화롭게 하시리니, 이는 그 분이 내 것을 받아서 너희에게 알려 주실 것임이라." _요 16:14, 한글킹제임스

문제는 성령의 역사보다 앞서서 움직이고 반응하는 우리 자신입니다. 성령보다 감정 충만하거나 지성 충만, 혹은 의지 충만한 것이 문제입니다. 바울은 성도들에게 성령으로 충만할 것을 명령했습니다.

> "술 취하지 말라 이는 방탕한 것이니 오직 성령의 충만을 받으라. 시와 찬미와 신령한 노래들로 서로 화답하며 너희의 마음으로 주께 노래하며 찬송하며" (엡 5:18, 19)

성령주의와 성령충만은 다르다

성령주의자가 있습니다. 성령충만과 성령주의는 다릅니다. 하나님과 예수님을 제쳐놓고 성령만을 지나치게 사모하고, 성령님을 예배하는 것은 신학적으로 문제가 있습니다. 성령님은 직접 자신이 예배를 받으시지 않습니다. 물론 결국 삼위 하나님께서 예배를 받으십니다. 그러나 이 과정에서 삼위의 역할이 다릅니다. 성령은 성도가 예배를 온전히 드릴 수 있도록 안내하시는 분이십니다.

MEMO

"진리의 성령이 오시면 그가 너희를 모든 진리 가운데로 인도하시리니 그가 자의로 말하지 않고 오직 듣는 것을 말하시며." _요 16:13

사도요한이 환상으로 본 천상의 예배 모습에서도 나라와 족속, 백성, 방언으로부터 모인 셀 수 없는 큰 무리가 하나님을 예배하는데 그 대상에 성령님은 제외된 채 하나님과 예수님만 계십니다.

"이 일 후에 내가 보니 각 나라와 족속과 백성과 방언에서 아무라도 능히 셀 수 없는 큰 무리가 흰 옷을 입고 손에 종려 가지를 들고 보좌 앞과 어린 양 앞에 서서 큰 소리로 외쳐 가로되 구원하심이 보좌에 앉으신 우리 하나님과 어린 양에게 있도다 하니" _계 7:8-10

이는 사실 해석이 쉽지 않은 부분입니다. 이 천상예배의 그림이 우리에게 주는 상징이 있습니다. 이 상징의 의미를 제대로 붙들기만 하면 성령주의에 빠지지 않고 마음껏 성령충만을 추구할 수 있습니다. 오늘날 예배 가운데 임하시는 성령의 임재, 기름 부으심에 대한 신학적 논란이 상당히 뜨겁습니다. 그런데 이를 신학적인 논쟁으로 풀려면 한이 없습니다. 지역교회에서 7년 동안 사역하면서 경험한 저의 해법을 소개합니다.

기본적으로 경배와 찬양의 뿌리는 은사주의에서 시작되었습니다. 은사주의의 본산지인 빈야드 교회의 찬양이 한국교회에 미친 영향은 지대합니다. 은사주의 예배의 특징은 하나님의 임재입니다. 성령의 임재입니다. 오늘날 전 세계

MEMO

교회에서 벌어지는 예배 논쟁의 뿌리는 결국 개혁주의와 은사주의라는 신학적 충돌[63]에 있습니다.

개혁주의 예배는 거룩하신 하나님께 온전하게 드리는데 탁월성에 초점을 두고, 은사주의는 그보다는 하나님의 임재에 더 집중합니다. 그러나 진정한 예배에는 이 두 가지가 모두 필요합니다. 그래서 사역의 현장에서는 신학적 논쟁보다는 치우치지 않는 균형감이 더욱 중요한 것입니다.

모든 교회의 예배는 교단이라는 테두리 속에 영향을 받을 수밖에 없습니다. 그러나 오늘날 지역교회의 현실은 천차만별입니다. 실제로 지난 20여 년 동안 교파를 초월한 개 교회들은 저마다의 시행착오를 겪어 오면서 자신의 교회에 맞는 예배 형식을 구축해왔고, 지금도 그렇게 흘러가고 있습니다.

놀라운 것은 성령의 역사와 방언에 몰두하던 은사주의 교회들이 성경말씀을 연구하기 위해 힘을 다하고 있고, 말씀과 지성에 파묻혀 있던 전통교회들은 성령의 역사에 마음 문을 열고 조심스럽게 접근하고 있습니다. 저는 이것이 21세기 교회가 말씀과 성령 안에서 하나 되려는 건강한 교회갱신의 흐름이라고 확신합니다. 이때 가장 현실적인 대안이 바로 신학적인 균형을 무너뜨리지 않는 것입니다.

Q. 예배묵상 : 가장 와 닿는 내용을 묵상하고 요약해서 이곳에 간단하게 적어보자.

MEMO

33일(수) 성령으로 예배하라

오늘의 묵상구절

"그리스도 예수 안에 있는 생명의 성령의 법이 죄와 사망의 법에서 우리를
해방하였음이라." _ 롬 8:2

바울은 롬 8:2에서 우리 인류에게 선사하는 가장 놀라운 선언을 했습니다.
예배 안에서 우리의 영을 깨우시는 성령이 하시는 역할은 우리의 상상을 초월
합니다. 커버넌트 신학교 교수인 로버트 G. 레이번은 예배를 참된 기독교의
예배로 만드는 것은 성령의 역사라고 했습니다.[64] 결국 예배는 성령의 사역입
니다.

그렇기 때문에 만일 예배 가운데 성령의 역사를 무시한다면, 레이번이 말한
것처럼, 성령을 떠난다면 기독교 예배는 단순히 인간의 행위에 지나지 않는 이
교도들의 예배와 다를 바 없습니다.[65]

---

63) 은사주의도 개혁주의의 한 지류이지만 여기에서는 개혁주의와 은사주의가 추구하는 신학적인 성향의 특징을 구별해
서 다룬다. 레드만은 개혁교회와 은사주의 예배관의 차이를 통해 찬양과 경배를 새롭게 조명했다. 개혁주의 예배관은
하나님께 나아가는 예배자의 행위와 반응, 즉 지성과 의지에 더 초점을 두는 반면, 은사주의는 하나님의 임재와 만남
의 경험 즉 감정에 더 초점을 둔다. 쉽게 말하면 그는 개혁주의가 "예배를 얼마나 정성스럽게 드렸느냐"에 있다면 은
사주의는 "예배 가운데서 살아계신 하나님을 경험했느냐"가 핵심적인 이슈라고 지적했다.
64) 로버트 G. 레이번, 예배학 (성광문화사, 1982), p. 124.
65) 위의 책, p.128.

MEMO

오늘날 이렇게 중요한 성령을 무시하는 교회와 성도들이 너무 많습니다. 성령이 아니고는 우리 그리스도인은 한 순간도 살 수 없습니다. 단지 교회에서 예배드리는 주일뿐만이 아니라 삶의 현장인 6일 동안에도 성령의 능력이 필요합니다.

물론 매주 예배를 위해 멋진 음악과 잘 짜인 안전한 예배 프로그램, 쾌적한 예배 공간, 훌륭한 사운드 시스템과 멀티미디어가 필요합니다. 그러나 그것만으로는 결단코 예배가 예배다울 수 없습니다. 교리적으로는 흠이 없고 예배의 전통, 교단의 관례로는 무리가 없지만 회중을 사로잡는 임재, 하나님으로부터 직접 내려온 그 무엇이 없습니다. 초자연적인 하나님의 영에 의해서 움직이는 능력이 부족합니다.

"만일 누가 말하려면 하나님의 말씀을 하는 것 같이 하고 누가 봉사하려면 하나님의 공급하시는 힘으로 하는 것 같이 하라." (벧전 4:11)

이것이 교회를 향한 하나님의 뜻입니다. 찬양이 우리의 가슴을 흔들어 놓은 기억이 언제입니까? 찬양을 부르며 하나님의 가슴과 나의 가슴이 통하는 전율, 신적 존재와 내 존재가 마주치는 그런 경험이 언제였습니까? 설교가 가슴 깊이 사무치게 당신의 영적 필요를 채운 적이 언제였습니까? 그 많은 사람 속에서도 내 상황을 완벽하게 알고 나에게 직접 말씀하시는 하나님을 경험한 적은 언제였습니까?

부르클린 테버네클 교회의 담임목사인 짐 심발라는 말합니다. "성령은 우리

MEMO

인간의 모든 부족함과 실패를 초월하여 역사하시는 위대한 분이다. 우리의 재능, 지식, 교육의 부족에서 오는 모든 제약과 열등감으로부터 우리를 자유케 하신다. 문제는 우리의 능력이 아니다. 우리의 헌신이다."[66]

인간의 마음이란 워낙 단단하고 이기적이어서 아무리 현학적인 언변과 조리 깊은 논리라도 그 마음의 근본을 움직이기 힘듭니다. 그러나 100년이 흘러도 변하지 않을 것만 같은 돌같이 단단한 그 마음도 성령께서 감화 감동하시면 내면 깊은 곳으로부터 녹아내립니다. 그래서 사도바울은 말합니다.

> **"내 말과 내 전도함이 지혜의 권하는 말로 하지 아니하고 다만 성령의 나타남과 능력으로 하여"** (고전 2:4)

예배에서 성령의 역할

바울이 하나님의 영으로 예배한다고 쓴 것처럼 과연 어떻게 하는 것이 성령으로 예배하는 것입니까? 일단 예배가운데 성령께서 어떤 일을 하시는지 알아야 합니다.

첫째, 예배 가운데 함께 하십니다.

> **"두세 사람이 내 이름으로 모인 곳에는 나도 그들 중에 있느니라."** (마 18:20)

---

66) 짐 심발라, 공동체를 살리는 성령의 능력(조이선교회출판부, 2005), p. 59.

MEMO

예수님은 성도가 모인 곳에 함께 하시겠다고 약속하셨습니다. 이때 성도와 함께 하시는 존재는 예수님이 아니라 예수의 영, 즉 성령이십니다.

"내가 아버지께 구하겠으니 그가 또 다른 보혜사를 너희에게 주사 영원토록 너희와 함께 있게 하시리니" _ 요 14:16

둘째, 어떻게 예배해야 하는지 가르쳐주십니다.

"보혜사 곧 아버지께서 내 이름으로 보내실 성령 그가 너희에게 모든 것을 가르치시고 내가 너희에게 말한 모든 것을 생각나게 하시리라" _ 요14:26

보혜사란 '상담자', '위로자', '돕는 자' 입니다. 성령보다 더 완벽한 상담자는 이 땅에 없습니다. 더 뛰어난 후원자를 찾을 수 없습니다.

셋째, 말씀을 깨닫게 하십니다.

"진리의 성령이 오시면 그가 너희를 모든 진리 가운데로 인도하시리니" _ 요16:13. 성령의 감화 감동이 아니고는 말씀을 깨달을 수 없습니다. "모든 성경은 하나님의 감동으로 된 것으로 교훈과 책망과 바르게 함과 의로 교육하기에 유익하니" _ 딤후 3:16

MEMO

넷째, 기도를 도우십니다.

"마음을 감찰하시는 이가 성령의 생각을 아시나니 이는 성령이 하나님의
뜻대로 성도를 위하여 간구하심이니라." _롬 8:27

다섯째, 치유, 참회, 사죄의 확신, 결단, 헌신하게 하십니다.
이 모든 내용은 사실 우리 성도의 연약함을 도우시는 성령의 역사로 말미암
습니다. 그래서 예배드리는 자는 아래말씀을 붙잡아야 합니다.

"성령도 우리의 연약함을 도우시나니 우리가 마땅히 빌 바를 알지 못하나
오직 성령이 말할 수 없는 탄식으로 우리를 위하여 친히 간구하시느니라."
_롬 8:26

성령에 의지해 충만함으로 예배할 수 있는 첫 번째 길은 나의 연약함을 인정
하는 것입니다. 상한 심령으로, 목말라하며, 그의 은혜의 보좌 앞으로 나아가
나의 철저한 무능력을 인정하고 아뢰는 것입니다. 마음을 다해 아래와 같이 기
도해봅시다.
"주님, 저는 참으로 연약합니다. 제 삶의 많은 것들이 변화되어야 합니다. 하
지만 그럴만한 능력이 저에게는 없습니다. 오직 주님만이 저를 변화시킬 수 있
습니다. 제 개인적인 삶, 가정, 교회, 사역도 이대로는 안 됩니다. 제 힘으로는
불가능합니다. 오셔서 저를 가르치시고, 인도하시고, 충만케 하시고, 새롭게 하

MEMO

소서."[67)

> ## Q.
> 예배묵상 : 나는 예배드릴 때 얼마나 성령에 대해서 알고 성령께 의지했는가? 예배 안에서 성령의 역할에 대해 내가 깨달은 부분을 조용히 묵상해보자.

추가 읽기
"어떻게 성령으로 예배하는가?"

먼저 육체를 신뢰하지 말아야 한다. 육체는 이 세상에서 가장 믿을 것이 못된다. 왜냐하면 사도 바울이 말한 것처럼 "육신의 생각은 사망이요 영의 생각은 생명과 평안"(롬 8:6)이기 때문이다. 그래서 우리는 영으로 예배해야 한다.

> "하나님의 영으로 예배하며 그리스도 예수 안에서 자랑하며, 육체를 신뢰하지 않는 우리야말로, 참으로 할례를 받은 사람입니다." _ 빌립보서 3:3,표준새번역

MEMO

성령으로 예배하는 방법에 대해 마틴 로이드 존스 목사의 후임으로 영국 런던의 웨스트민스터 채플의 담임 목회자였던 R.T. 켄달이 좋은 방향을 제시해 준다.[68] 그는 영으로 예배하기 위해 성령을 존중해야 한다고 했다. 왜냐하면 하나님은 모든 것을 자기가 원하시는 대로 행하시기 때문이다.

"모든 것을 자기가 뜻하시는 대로 행하시는 하나님께서, 자기의 계획을 따라 예정하셔서 그리스도 안에서 우리를 상속자로 삼으셨습니다." _ 엡 1:11, 표준새번역

성령님은 하나님이 가장 받고 싶으신 예배가 어떤 예배인지 아신다. 그래서 하나님께 예배하려고 마음먹은 성도를 성령께서 도우신다. 말할 수 없는 탄식으로 우리의 연약함을 극복할 수 있도록 간구하신다. 그러므로 성령의 인도하심에 민감하지 못하고 자기가 원하는 방식만을 고집하여 예배드리는 것은 옳지 못하다. 예배의 시작부터 마지막 끝날 때까지 철저하게 성령의 인도를 따라야 한다.

켄달은 성령을 존중하는 방법을 3가지로 제시했다. 첫 번째는 인격이신 성령의 민감성을 존중해야 한다. 성령은 완전히 순결하고 거룩하시기 때문에 매우 민감하시다. 그래서 그분은 연약한 인간으로 인해 쉽게 근심하거나, 쉽게 상처

67) 참고, 짐 심발라, 공동체를 살리는 성령의 능력(조이선교회출판부, 2005), p. 272.
68) R. T. 켄달, 예배에 숨겨진 비밀, 제 3장 '성령을 존중함'을 참조하라.

MEMO

입고, 소멸한다. 죄가 있는 곳에서 자유롭게 역사하실 수 없다.

여기서 '쉽게 상처 입는다'는 말이 가슴에 와 닿는다. 성령님은 우리의 연약함 때문에 늘 상처 입는다. 언제는 성령께 모든 마음을 다 쏟아 놓을 것처럼 울고불고 부르짖는다. 목소리 높여 찬양한다. "성령이여 임하소서 우리에게 임하소서" 반복해서 이 찬양을 부르고 또 부른다.

그러나 며칠 후에는 마치 성령이 없는 것처럼 좋아하는 일에 온통 마음을 빼앗겨 산다. 예배때 그렇게 부르짖어서 함께 동행하건만 성령의 존재는 아랑곳 않고 오히려 근심케 하는 행동만 골라서 한다. 인격적인 성령께서 얼마나 모멸감을 느끼겠는가? 얼마나 상처를 입겠는가?

그분은 너무나 인격적이셔서 참고 또 참고 기다리신다. 그토록 인격적이고, 사랑이 많으시다. 그러나 너무 안타까워서 바라보시며 탄식하신다. 이 상태가 너무 오래가면 '성령을 소멸'(살전 5:19)할 수도 있다. 성령의 감동이 차갑게 식을 수도 있다는 뜻이다.

> "이와 같이 성령도 우리 연약함을 도우시나니 우리가 마땅히 빌 바를 알지 못하나 오직 성령이 말할 수 없는 탄식으로 우리를 위하여 친히 간구하시느니라." _롬 8:26

두 번째는 그분의 공평성도 존중해야 한다. 우리는 그분을 돈으로 살 수도 없고, 조종하지도 못한다. 성령은 사람을 외모로 취하지 않으신다. 성령의 판단에 대해 의심해서는 안 된다. 그분은 "나중 된 자로서 먼저 되고 먼저 된 자로서 나

MEMO

중 되"(마 20:16)게 하실 수 있다.

이 말은 성령님은 모든 성도에게 영적 성숙도, 삶의 환경, 성품과 성격에 맞게 적절하게 대하신다는 것이다. 때때로 어떤 성도는 나보다 더 말씀을 잘 이해한다. 찬양에 더 큰 은혜를 누린다. 영적 성숙도가 더 빨라 보인다.

그러므로 나보다 잘 나가고 잘 풀리는 것 같은 다른 성도에 대해 비교할 필요가 없다. 그저 나를 향한 성령의 인격적인 인도하심에 대해 지금 현재 나에게 이것이 최선임을 신뢰하고, 매 순간 현재 그 분의 인도하심에 믿고 자신을 의뢰하는 것이 중요하다.

세 번째는 성령의 충동을 존중하고 이에 순종해야 한다. 빌립보서 3장 3절 '하나님의 성령으로 예배' 하라는 문장은 헬라어로 '성령의 충동으로 예배하는 자' 라고 앞에서 언급했다. 성령은 우리의 영을 충동하신다.

어떤 분이 교우로부터 이해할 수 없는 상처를 입고, 미움과 격정의 감정의 소용돌이 속에서 어찌 할 바를 몰라 하나님께 기도만 하고 있었다. 마음이 너무 고통스러워서 교회를 떠남으로 현실을 도피하고 싶은 마음이 굴뚝같았다.

그러던 어느 날 예배드리면서 성령께서 그 마음을 어루만지셨다. 도저히 용서할 수 없을 것 같았던 마음이 이상하게도 풀어졌다. 그 날 이후, 예배드릴 때마다 성령께서 그 마음을 움직이셨다. 새벽기도만 가면 눈물이 터지고 그동안 맺혔던 모든 상한 마음이 풀렸다.

이렇게 성령님은 우리의 영과 마음에 하나님의 선하신 뜻으로, 때론 말씀으로, 때론 음성으로, 때론 지혜로 충동하신다.

MEMO

마지막으로 다른 성도들과의 관계에서 맺힌 것이나 풀어야 할 것이 있으면 풀어야 한다. 내가 다른 사람을 용서하지 못한다면 성령께서 우리를 통해 자신의 모습을 마음껏 드러내실 수 없다. 성령과 인격적으로 소통할 때 비로소 예배는 영원과 맞닿은 사건이 된다. 성령은 그 예배 현장에서 막혔던 영적 세계를 향해 고속도로가 뚫리는 4차원의 문을 활짝 열어줄 것이다.

Q. 실습 : 예배 때 성령께서 하시는 역할을 간단히 정리해보라. 그리고 이번 주일 예배 때 성령으로 예배하는 실습을 해 보라.

34일(목) 정직한 마음의 습관을 가지라

오늘의 묵상구절

"여호와는 의로우사 의로운 일을 좋아하시나니 정직한 자는 그의 얼굴을 뵈오리로다." _시 11:7

노예 해방의 아버지인 미국의 16대 대통령 링컨이 주 의회 의원으로 당선되

MEMO

었을 때 일입니다. 소속된 당에서 선거 비용으로 200달러를 지원해주었는데, 선거가 끝나자마자 그는 199달러 25센트를 이런 쪽지와 함께 돌려보냈습니다. "말을 타고 다니며 선거운동을 했으므로 일체 비용이 들지 않았음. 길에서 만난 노인에게 음료수를 대접하기 위해 사용한 25센트를 뺀 나머지 금액을 반납함."

이에 감동한 공화당은 그를 1860년 차기 대통령 후보에 만장일치로 지명했고, 이로 인해 링컨은 정직을 최고의 재산으로 삼게 되었습니다.[69]

정직은 하나님의 성품이다. 그래서 하나님은 정직한 자를 좋아하십니다.

죄로 부패한 인간은 감히 완전하신 하나님의 얼굴을 볼 수 없습니다. 그런데 정직한 자가 하나님의 얼굴을 볼 수 있다니, 정직이 그토록 값진 것입니다. 정직, 진실함의 최고 단계는 진리입니다.

이제 영과 진리의 법칙의 다른 한 면인 '진리'를 다루려고 합니다. 진리는 영어로 in truth로 헬라어로는 '알레데이아' 즉 '확실성과 힘을 지니는', '올바름이나 정직', '진술의 사실', '믿거나 의지할 수 있는 것', '복음이나 참된 가르침 또는 믿음', '진짜, 하나님의 실체, 계시'입니다. 즉 in spirit과 마찬가지로 진리이신 예수님, 진리의 말씀보다 더 포괄적인 개념입니다. 정직한 마음, 어떤 행위나 사물, 사건의 가장 근원적인 진실, 사실을 말합니다.

향후 이틀 동안 예수께서 '진리'로 예배하라고 한 그 본의를 살펴보겠습니다. 오늘은 그중에 예배에서의 '진실한 마음'의 중요성을 묵상할 것입니다.

---

69) 미국 대통령의 신앙과 리더십, 염성철 역음(생명의 말씀사, 2007) p.102

MEMO

진실, 정직은 인간 삶의 필수 요소입니다. 하나님도 정직을 매우 중요하게 여기십니다.

> "그는 정직한 자를 위하여 완전한 지혜를 예비하시며 행실이 온전한 자에게 방패가 되시나니" _ 잠 2:7

그래서 다윗은 자신의 방패가 "마음이 정직한 자를 구원하시는 하나님께 있도다."(시 7:10) 고백했습니다.

요즘 우리 사회는 정직이 무너졌습니다. 특히 마음의 정직이 사라졌습니다. 그래서 불신풍조가 만연한 사회가 되었습니다. 부부가 서로 딴 주머니를 차고 각자의 애인을 즐기는 시대입니다. 서로가 서로를 믿지 못하는 것이 서글프지 않은 세상입니다. 거짓을 즐기는 풍조에 우리 자녀들이 한껏 노출되어 있습니다. 오히려 정직한 것을 싫어합니다. 아모스 시대에 이스라엘의 모습을 보는 듯합니다.

> "우리가 성문에서 책망하는 자를 미워하며 정직히 말하는 자를 싫어하는도다." _ 암 5:10

저는 '좋은씨앗' 70) 1집 음반을 만들던 90년대 초에 '정직' 에 대한 소중한 깨달음을 경험했습니다. 컨티넨탈싱어즈 창단사역 할 때 복음과 문화에 마음이 통했던 이강혁 전도사와 새로운 부르심을 놓고 기도하던 하던 중 분명한 응답을 받

MEMO

고 좋은씨앗을 결성했고, 1991년 가을에 1집 '평안' Comfort이 탄생했습니다.

앨범을 기획할 당시 묵상도 하고 노래연습도 할 겸 아침마다 뒷산을 산책했습니다. 한번은 따스한 봄날 아침, 남들이 잘 가지 않는 좁은 길을 걷고 있었습니다. 진달래꽃이 한창이었습니다. 아무도 보지 않는 한 구석에 있는 꽃 한 송이가 눈에 들어왔습니다. 이렇게 구석진 곳에 이토록 완벽한 아름다운 자태를 드러내고 있다니, 하나님의 창조솜씨에 감탄이 절로 나왔습니다. 그때 깨달음이 왔습니다. 산 구석에 피어있는 한 송이 꽃의 아름다움에 비하면 내가 만들던 음악은 턱없이 부족한데 하나님께 겸손히 드리는 자세보다 나를 드러내려 했던 부끄러운 태도를 회개하고 '진달래 한 송이처럼'이란 시를 썼습니다.

누구도 찾지 않는
이른 아침 동산 구석의
진달래 꽃 한 송이
가장 아름다운 자태로
조물주를 노래한다.
솔로몬의 화려한 영화도
꽃 한 송이만 못한데

---

70) 예영커뮤니케이션 대표이셨던 고 김승태 집사로부터 선물 받은 책을 통해 영감을 얻은 이 명칭은 다음과 같은 의미를 담고 있다. "남미의 한 선교지에서 성경을 번역하던 선교사가 그 부족에게 뿌린 '말씀'의 씨앗들을 통해 저주의 공포와 질병, 착취로부터의 해방의 역사가 일어났다. 그들은 이 말씀을 '좋은씨앗'이라 불렀고, 지금도 성경을 '좋은씨앗'이라고 부르고 있다." '좋은씨앗'의 의미 그대로 그런 삶을 살고 싶었고, 이 음반이 그런 역할을 해주기를 바라는 마음으로 정했다.

MEMO

어느 새 높아진 마음
작은 꽃에 투영된다.
누가 봐서도 뽐내기 위함도 아닌
있는 그대로의 정결한 미를
정직하게 피워내는 꽃처럼
그렇게 살고 싶다.
_ 91년 어느 봄날

'좋은씨앗' 1집을 제작하자마자 이강혁 전도사는 아내와 함께 아프리카 케냐로 떠났습니다. 1년간의 단기선교사역을 위함이었습니다. 짝이 없는 1년 동안 홍보는커녕 집회 활동도 못했고, 가끔 방송에 나가 신인앨범 소개하는데 그쳤습니다. 저는 음반 작업하느라 밀렸던 신학공부에 전념했습니다.

지금 생각하면 참 무심했다는 생각이 듭니다. 기획사의 입장에서 보면 상당히 무책임한 행동일 수도 있습니다. 그러나 이것도 하나님의 은혜입니다. 하나님을 향한 우리의 열정, 정직한 마음을 하나님께서 받으셨는지, 1집은 소리 소문 없이 사람들의 입에서 입으로 알려지기 시작했고 결국 10만장이 넘는 판매를 기록했습니다.

하나님 앞에서의 정직은 성도의 기본자세입니다. 하나님은 중심을 보시기 때문입니다. 우리 안에 숨어있는 생각과 감정은 하나님 앞에 훤하게 드러납니다. 꾸밀 필요 없습니다. 감정을 속일 필요도 없습니다. 거짓 없는 진실, 있는 모습 그대로 하나님께 나아가야 합니다.

MEMO

정직한 자에겐 두려울 것이 없다

다윗은 정직한 사람이었습니다. 그가 쓴 시편의 상당수가 '애가(哀歌)'입니다. 하나님께 울부짖는 속마음을 숨기지 않고 솔직하게 표현했습니다.

> "하나님이여 내 속에 정한 마음을 창조하시고 내 안에 정직한 영을 새롭게 하소서"_ 시 51:10

불평과 고통, 고난, 환란의 상황을 하나님께 있는 그대로 풀어놓았습니다. 때로는 하나님께 정직하게 따지기도 했습니다. 그는 자신의 감정에 솔직했습니다. 그래서 다윗의 시에는 사람 냄새가 납니다. 머릿속에서 그려낸 사변적 영성이 아닌 삶의 현장에서 터져 나온 현실의 영성이 배어있다. 책상 위의 공허한 지성이 아닌 거친 광야의 야성이 살아있습니다. 정직하면 두렵지 않습니다. 그래서 정직할 때 야성이 살아납니다. 야성wild nature은 인간이 본래부터 갖고 있던 본성입니다. 그래서 야성에는 사회적 윤리적 틀과 기준에 맞는 세련미가 없습니다. 하지만 바로 그것이 인간 본연의 아름다움입니다.

문제는 인간의 정직은 불완전하다는 것입니다. 우리가 감당할 수 있는 진실의 한계를 인정해야 합니다. 진실은 변함없어야 합니다. 그러나 우리 마음은 너무나 쉽게 변합니다. '여자의 마음은 갈대와 같다' 라는 경구나, MC 스나이퍼의 랩 "사람의 마음이 이리도 쉽게 변할 줄은 몰랐어"[71]를 들먹이지 않아도, 하

---

71) Mc Sniper, 5집 Museum의 9번째 수록곡, "사람의 마음이 이리도 쉽게 변할 줄은 몰랐어"

MEMO

루에도 수없이 달라지는 것이 사람의 마음입니다.

그러므로 정직하기 원한다면, 하나님 앞에서의 정직을 추구해야 합니다. 진실이란 변화무쌍한 내 마음이 아니라 변함없는 진리이신 하나님의 말씀 안에서만 가능하기 때문입니다.

> "내가 죄악 중에서 출생하였음이여 어머니가 죄 중에서 나를 잉태하였나이다. 보소서 주께서는 중심이 진실함을 원하시오니 내게 지혜를 은밀히 가르치시리이다. 우슬초로 나를 정결하게 하소서 내가 정하리이다 나의 죄를 씻어 주소서 내가 눈보다 희리이다." _ 시 51:5-7

Q. 예배묵상 : 진실하고 정직한 마음의 습관을 갖기 위해 순간순간 하나님께 내 안의 솔직한 감정을 털어놓으라. 비록 그 감정이 아무리 사소하고, 부끄럽고, '뭐 이런 것까지?' 하는 부분까지 일부러라도 드러내라. 진정한 친구는 솔직하고 정직한 마음을 나누는 사이이다.

MEMO

35일(금) 진리의 말씀을 주의 음성으로 받으라

오늘의 묵상구절

"내 백성이 나를 청종하며 이스라엘이 내 도 행하기를 원하노라" _ 시 81:13

대부분의 예배학자들이 회중예배의 신학적 구조를 말씀과 성찬을 중심으로 나아감과 파송에 이르는 4단계 구조로 설명합니다. 여기에서 '말씀' 의 단계는 하나님께서 인간에게 주시는 계시 단계입니다. 다니엘 바우만은 설교를 "행위의 변화라는 명백한 목표를 갖고 회중에게 성경적 진리를 전달하는 것"[72]이라고 정의했습니다. 그러므로 설교는 하나님의 살아있는 말씀을 대신하여 전하는 것입니다.

신약의 설교자의 역할은 구약의 선지자와 비슷합니다. 선지자를 히브리어로 '나비' 라고 합니다. 이는 대변자, spoke man의 의미를 갖습니다. 즉 나 스스로 말하지 않고 하나님의 계시의 말씀을 정확하게 알아서 그 시대에 필요한 하나님의 뜻을 전달하는 역할입니다. 나 자신의 아집, 편견, 고집, 무식 때문에 잘못 전달한다면 그 길로 대언자의 역할은 끝이 납니다.

일반적으로 자기에게 위탁된 하나님의 메시지를 회중에게 권위 있게 선포하는 행위를 '케리그마' 라고 합니다. '케리그마' 는 '케뤼소' 의 명사형인데, '선

---

72) An Introduction to Contemporary Preaching by J. Daniel Baumann

MEMO

포한다', '알린다', '크게 외친다'는 뜻을 가집니다. '케뤼소'는 신적 명령을 받은 대리자가 신적 권위를 갖고 예배에 참석한 회중을 향해 일방적으로 선포하는 행위를 강조합니다. 쉽게 말하면 왕의 사자가 왕의 명령을 백성들에게 선포한다는 의미를 갖습니다. 왕이 백성에게 직접 선포한 왕명은 법이나 다름없습니다. 누구든지 이 왕명을 어기는 자는 목숨을 유지할 수 없습니다.

한 나라의 왕이 내린 명령도 이러한 권위를 갖는데 하물며 왕 중의 왕이요, 천지만물의 주관자이신 하나님의 메시지는 얼마나 더 권위가 있겠습니까? 그것을 듣는 청중에게는 당연히 절대적인 믿음과 순종이 요구되는 것입니다.

그래서 예배시간에 말씀을 대면할 때 우리는 마치 나를 향한 하나님의 살아 있는 말씀을 듣는 것처럼 말씀을 받아야 합니다.

> "하나님의 말씀은 살았고 운동력이 있어 좌우에 날선 어떤 검보다도 예리하여 혼과 영과 및 관절과 골수를 찔러 쪼개기까지 하며 또 마음의 생각과 뜻을 감찰하나니" (히 4:12)

예배에서 설교의 위치

그래서 대다수의 한국교회는 예배의 꽃을 설교로 봅니다. 대부분의 성도들이 설교 듣기 위해 예배에 참석합니다.

종교개혁은 말씀의 권위를 다시 회복하는 것이 그 주된 임무였습니다. 그래서 개신교 개혁주의 전통은 예배 안에서 설교의 역할에 상당한 비중을 두는 것이 사실입니다. 한국교회의 예배 뿌리는 초창기 선교사가 들여온 예배형식과

MEMO

밀접한 관련이 있습니다. 1885년 미 장로교 선교사 언더우드와 감리교 선교사 아펜젤러가 한국에 들어온 이후, 한국교회는 당시 합리주의, 이성주의, 계몽주의의 영향을 받고 있던 서구교회의 예배형태에 직접적인 영향을 받게 됩니다.

당시 서구 교회는 이성을 중시하는 합리주의 사상과 자유주의 신학의 도전으로 성경의 권위가 도전받고 있었습니다. 그래서 교회의 예배형식은 회중의 이성에 호소하는 설교중심의 예배였습니다. 이러한 일방적, 교훈적 설교 형태가 예배 안에 강조되면서 근대교회는 점차적으로 예배의 역동성이 사라졌습니다. 한국선교 초기에 들어온 선교사들은 바로 이 예배형식을 한국교회에 전수했습니다. 이런 예배전통을 목숨처럼 지키려고 하는 한국교회의 모습이 너무도 안타까울 따름입니다.

예배의 중심은 말씀이지만, 예배가 말씀의 시녀가 되어서는 곤란합니다. 장신대 예배학 교수인 정장복은 이를 다음과 같이 지적했습니다.

"100년 전 전해 준 복음전도자들의 예배의 미약한 관심을 아직도 우리의 것으로 고수하고 있는 현실은 실로 부끄러움을 면할 길이 없다. 더 나아가 그것을 철저히 지키는 것이 마치 복음적이고 보수의 첨경인 양 고집하는 현상을 볼 때마다 하나님의 도움을 청할 수밖에 없는 극한 상황을 느낀다. 이제 100년의 역사에 접한 우리의 교회는 허심탄회하게 우리의 실상을 직시하려는 노력을 기울일 때가 왔다."[73]

그래서 수많은 성도들이 '교회에 가는 존재'(church-goer), '설교를 들어보

---

73) 한국교회 예배에 대한 성찰과 과제, 정장복, 바른목회 (한들출판사, 2001) p. 225

MEMO

는 존재'(Sermon-Hearer)로 전락하고 말았다는 것입니다. 설교는 결코 예배의 전부가 아닙니다. 선포되는 하나님의 말씀으로써 최고의 가치를 말하는 것이지, 결코 예배가 그 말씀을 위해 존재하는 것은 아닙니다. 그래서 설교를 듣기 위하여 예배에 참석하는 것은 잘못입니다.

예배란 우리를 향해 자신을 계시하시는 하나님에 대해 반응하고 그분을 섬기는 것입니다. 반응과 섬김이라는 회중의 참여가 '설교를 들어 보는 관람행위'로 전락해서는 안 됩니다.

설교의 중요성이 그렇게 강조되면서도 살아있는 하나님의 메시지로써의 설교가 오늘 강단에서 사라지고 있다는 것도 심각한 문제 가운데 하나입니다. 주승중은 오늘 한국교회는 설교의 홍수 시대가 됐지만 성경 본문을 떠나거나 오늘의 상황에 대한 치열한 고민이 없는 설교가 범람하고 있다고 우려했습니다. 설교자는 회중과 시대적 상황(context)을 알고 하나님의 말씀(text)으로 대답해줘야 하는데 많은 설교자들이 회중의 필요를 모르기 때문에 회중의 삶에 변화를 주지 못하고 있다는 것입니다.

다른 한편 지나치게 대중의 필요에만 집착하는 포퓰리즘적 설교도 경계해야합니다. 설교자들이 포퓰리즘(populism)에 사로잡히게 되면 반드시 회중의 귀를 즐겁게 하는 설교로 변질됩니다. 즉 설교자가 성경 본문에 대한 연구와 이해에 집중하려고 노력하기보다는 회중들이 듣기에 부담 없는 설교를 하려고 애쓰게 되는데, 이것이야말로 강단의 타락이요 오염이라는 것입니다.

MEMO

들을 귀를 준비하라

아무리 강력한 성령의 감동으로 선포되어지는 진리의 말씀이라도 듣는 자의 들을 귀가 닫혀 있을 때 하나님의 영광은 싸구려 진주로 허공에 내쳐지고 맙니다. 위대한 설교가 마틴 로이드 존스의 후임으로 런던 웨스트민스터 채플의 담임목사로 25년간 시무했던 R. T 캔달은 우리가 하나님의 말씀을 듣는 수준만큼만 하나님께 예배할 수 있다고 말했습니다.

인간은 자신이 듣고 싶은 소리만 듣습니다. 그래서 귀가 있어도 들어야 할 영혼의 소리를 듣지 못합니다. 그래서 성경은 우리에게 계속 하나님의 말씀을 청종하라고 강조 또 강조합니다.

> "대저 저는 우리 하나님이시요 우리는 그의 기르시는 백성이며 그 손의 양이라 너희가 오늘날 그 음성을 듣기를 원하노라." _ 시 95:7

예수께서도 '들을 귀'의 필요를 역설하셨습니다. **"또 이르시되 들을 귀 있는 자는 들으라 하시니라."** _ 막 4:9

장세규 목사는 이 본문을 강해하면서 들을 귀를 다음과 같이 소개했습니다. 들을 귀가 있는 사람은 하나님의 신비를 듣습니다. 성령의 신비를 듣습니다. 영혼의 소리를 경험하는 것은 말로 표현할 수 없습니다. 형언할 수 없는 하나님의 영광의 빛은 인간의 입으로 설명이 안 됩니다. 하나님의 말씀은 잔잔한 비같이 내리다가 영혼의 귀가 열릴 때 말씀의 집중호우가 쏟아집니다. 그럴 때 마음이

MEMO

아프고 심령이 찔립니다. 그러나 그 가운데 치유와 회복이 있습니다. 죄를 깨끗이 씻어줍니다. 그 말씀이 내 마음, 생각, 영혼 속에 형언할 수 없는 거대한 빛으로 비춰집니다. 묘사할 수 없는 하나님의 거룩한 임재로 다가옵니다. 수준이 다른 진리요, 소리요, 음성입니다.[74]

설교 시간마다 '들을 귀'가 열려야 합니다. 문제는 이 들을 귀가 잘 작동하지 않는다는데 있습니다. 하나님은 말씀하시는데 고장 난 우리 귀가 잘 듣지 못합니다. 많은 성도들이 말합니다.

"하나님, 당신의 뜻을 알고 싶어요. 이 문제에 대한 하나님의 음성을 듣고 싶어요." "내가 이미 그 문제에 대해서는 너에게 답해 주었느니라." "아니에요. 주님, 그 답 말고요, 내가 원하는 그 해답 말이에요."

우리는 종종 하나님을 자동판매기로 여깁니다. 동전만 넣으면 언제든지 내가 원하는 커피를 먹을 수 있는 것처럼, 하나님께 요청만 하면 하나님은 당연히 내 요구를 들어주셔야 하는 자동 천국 판매기입니다.

하나님은 우리에게 말씀하십니다. 문제는 내 들을 귀가 심각하게 고장 났거나 허탄한 세상 소식에 더 현혹되어 있습니다. 마치 눈물의 선지자 예레미야가 애통한 마음으로 이스라엘 백성을 꾸짖으며 말한 내용처럼 말입니다.

"그들은 청종치 아니하며 귀를 기울이지 아니하며 그 목을 곧게 하여 듣지 아니하며 교훈을 받지 아니하였느니라." _ 렘 17:23

---

74) 2009. 5. 17 한빛지구촌교회 주일 설교(장세규 목사, 막 4:21~25)

MEMO

하나님께서 유다 왕 여호야김의 아들 고니를 향해 말씀하셨습니다.

"네가 평안하였을 때에는 내가 너에게 경고를 하여도 나는 듣지 않겠다! 하고 거부하였다. 너는 어렸을 때부터 이런 버릇이 있어서 언제나 나의 말을 듣지 않았다." _ 렘 22:21

이것이 목이 곧은 오늘 우리들의 모습 아닌지 살펴보아야 합니다.

Q. 예배묵상 : 내가 그동안 드려온 예배에서 설교는 나에게 어떤 의미였는가?

나에게 '들을 귀' 가 있는가?

MEMO

추가읽기
"진리의 핵은 예수 그리스도"

"예수께서 가라사대 내가 곧 길이요 진리요 생명이니 나로 말미암지 않고
는 아버지께로 올 자가 없느니라." _ 요 14:6

진리는 기독교의 내용이다. 그 내용의 핵에 예수 그리스도가 존재한다. 그래서 진리의 핵심은 예수 그리스도다. 예수께서 자신을 직접 '진리' 하고 칭하셨다. 그분의 인격, 행위, 삶 자체가 진리이시다. 그래서 모든 예배는 항상 예수 그리스도 에게 집중해야 한다.

리처드 포스터는 예배하는 것을 "삶을 만지시는 실재를 경험하는 것인데, 이는 모인 공동체 가운데서 부활하신 그리스도를 알고 느끼며 경험하는 것"[75]이라 했고, 프랭클린 세글러도 "예수 그리스도 안에서 하나님이 계시해주신 것에 대한 개인적인 믿음 안에서 사랑으로 반응하는 것"이라고 했다.

모든 구약성경은 오실 예수 그리스도를 위해 기록되었고, 모든 신약성경은 오신 예수 그리스도를 다루고 있습니다. 인류의 역사가 기원전, 기원후 즉 BC와 AD로 나뉘는 이유도 바로 예수를 기준으로 합니다. BC는 before Christ, AD는 라틴어의 'Anno Domini' 즉 '그리스도의 해'(in the year of our Lord)를 의미합니다.

---

75) 리차드 포스터, 영적훈련과 성장(서울: 생명의 말씀사, 2009), p. 251

MEMO

학자들은 예수가 태어난 날을 실제로 AD 4~6년으로 추정하지만 이 문제는 결정적인 이슈가 못됩니다. 예수의 탄생과 삶, 죽음과 부활 자체가 인류 역사의 전환점(turning point)이 되었습니다. 이스라엘 나사렛 출신의 예수라는 역사적 인물이 낡은 것과 새로운 것을 구분하는 분깃점이 되었습니다.

이 날짜 시스템은 사람들에 의해 만들어졌으나, 사실은 사도바울의 고백처럼, 예수께서 자신을 낮추어 하나님 앞에 죽기까지 복종했기에 하나님께서 그의 이름을 하늘과 땅 위의 모든 피조물 위에 높여주신 것입니다.

"하늘에 있는 자들과 땅에 있는 자들과 땅 아래 있는 자들로 모든 무릎을 예수의 이름에 꿇게 하시고, 모든 입으로 예수 그리스도를 주라 시인하여 하나님 아버지께 영광을 돌리게 하셨느니라." _ 빌 2:10-11

그 출생을 기준으로 역사를 나눌 만큼 예수는 인류역사상 가장 중요한 인물입니다. 기독교의 예배는 바로 그 예수를 기리고, 그가 남긴 말씀을 듣고, 그의 체취를 맡으며, 그 숨결을 느끼고, 우리를 향한 그의 사랑을 확인하며 그의 이름을 높이는 것입니다.

예수는 기독교 예배의 중심입니다. 로버트 웨버는 예수 그리스도 중심의 예배(Christ-Centered Worship)에 대해 이렇게 설명했다.

"그리스도 중심의 예배는 그분의 삶과 죽음, 부활로부터 흘러나오는 현재적이며 실재적인 의사소통의 능력과 유익이 나타나기 때문에 결코 지루하거나 지적 놀음의 제사 의식으로 그칠 수 없다. 그래서 모든 교회마다 함께 모여 예배

MEMO

할 때 결국 하나님께서 예수 그리스도를 통해 악을 무너뜨린 것으로 감사하고 찬양하게 됨을 깨닫게 된다. 이 같은 승리는 이천년 전의 한 사건으로 끝나지 않고, 21세기 오늘 예배에 참여한 모든 성도들, 즉 관계를 파괴하고 환경을 압박하는 사단의 지속적인 공격에 노출되어 있는 성도에게도 동일한 승리로 나타난다."

우리가 예배드릴 때마다 예수 그리스도 그분이 내 눈 앞에, 내 귀에, 내 입술에, 내 두 손에 가득 존재하도록 하십시오.

III. 적용

영과 진리로 드리는 예배는 결국은 성령과 말씀으로 드리는 예배입니다. 예배의 마에스트로인 성령과 예배의 유일한 주제인 예수 그리스도 자신이자 그리스도에 대한 스토리인 말씀이야말로 하나님께 예배드리는 완벽한 균형과 조화를 이루는 것입니다.

매주 드리는 예배 때마다 치열하게 말씀과 씨름하십시오. 오늘 나에게 주시는 하나님의 말씀을 깨달을 수 있도록 성령께서 도와달라고 간절하게 기도하십시오. 말씀과 성령만이 우리의 예배를 가장 깊은 지성소까지 인도해 주는 핵심 동력입니다.

MEMO

9th week
제7법칙 '순종'

경배란 우리의 모든 인격을 하나님께 순종케 하고,

그의 원하시는 뜻에 우리의 의지를

복종시키는 것이다.[76]

– 윌리엄 템플

I. 도입

드디어 마지막 예배의 법칙인 '순종'까지 왔습니다. 예배의 가장 깊은 곳, 하나님의 임재가 있는 곳, '지성소'를 의미하는 히브리어 '드바르'(DBAAR)는 "말씀을 듣고 순종하다"는 뜻의 다바르(DABAAR)와 같은 어원을 갖습니다. 지성소야 말로 예배의 가장 중요한 상징이요, 하나님의 임재가 있는 자리입니다. 그 예배의 자리는 본질적으로 순종과 매우 밀접한 관계가 있는 것입니다.

《성령의 지배를 받는 40일 예배훈련》의 순서를 '기대감'으로 시작해서 마지막을 '순종'으로 결정한 이후 어느 날, 리처드 포스터가 동일하게 언급한 것을 그의 책 《영적훈련과 성장》에서 발견했습니다. 즉 예배는 거룩한 기대에서 시

---

76) 짐 그래함, 잠자는 거인을 깨운다 (두란노, 1990), p. 45. 재인용.

MEMO

작하여 순종으로 끝난다는 것입니다. 제가 깨달은 것이 리처드 포스터의 깨달음을 조금 더 발전시킨 차이가 있을 뿐 해 아래 새것은 없습니다.

제가 예배에 대해 새롭게 발견한 것을 이미 누군가가 미리 깨닫고 자료로 남긴 것을 보면서 배우는 것은 한 성령께서 모든 그리스도인에게 예배를 가르치시고 계신다는 사실입니다.

순종으로 진정한 삶의 예배가 시작됩니다. 7가지 법칙 가운데 순종은 삶으로 드리는 예배와 직접 연결되는 중요한 연결고리입니다. 우리의 삶은 우리의 예배를 증거합니다. 삶이 내 믿음을 드러냅니다. 그래서 삶이 중요합니다. 주일에 들은 말씀에 대한 순종으로 진정한 예배가 시작되고, 평소에 묵상한 말씀을 순종하는 삶으로 주일예배가 더욱 풍성해집니다.

그러나 비판하는 마음, 의심하는 태도는 진실을 이야기해도 삐딱하게 들립니다. 팔짱을 끼고, 다리를 꼬고 말씀을 대하지 마세요. 커뮤니케이션은 말보다 자세에서 좌우됩니다. 구약시대의 서기관들은 양피지에 성경을 베껴 쓸 때 '여호와'라는 단어만 나오면 7번 목욕을 하고 두렵고 떨리는 마음으로 다시 썼습니다. 태도는 마음을 드러내는 행위언어입니다. 순종하는 자세는 예배를 진정성 있게 세워갑니다.

II. 주중 과제

순종은 인간의 몸 가운데 운동신경으로 비유할 수 있습니다. 순종이야말로

MEMO

삶의 현장에서 반응하고 실천하는 예배의 시작이기 때문입니다. 그래서 이번 주는 예배의 운동신경을 개발하는 한주간이 될 것입니다. 매일 15분씩 주어진 글을 읽고 묵상적용 질문에 간단하게 노트하세요.

36일(월) 순종이 제사보다 낫다

오늘의 묵상구절

"사무엘이 가로되 여호와께서 번제와 다른 제사를 그 목소리 순종하는 것을 좋아하심 같이 좋아하시겠나이까? 순종이 제사보다 낫고 듣는 것이 수양의 기름보다 나으니" _ 사무엘상 15:22

삼상 13장을 보면 사울의 군대와 블레셋 군대가 전쟁하는 장면이 나옵니다. 불레셋 군은 3천 대의 전차, 6천 명의 기마병, 보병은 바닷가의 모래알처럼 셀 수 없이 많았습니다. 이스라엘 백성은 전세가 불리한 것을 보고 굴과 수풀과 바위틈과 은밀한 곳과 웅덩이에 숨었습니다. 군인들도 사기를 잃은 채 사분오열 직전이었습니다.

이 위기 상황에서 사무엘은 당시 왕인 사울에게 하나님의 명령을 전했습니다. 전쟁을 시작하기 전에 제사를 드릴 수 있도록 7일 동안 기다리라는 하나님의 뜻이었습니다. 사울 왕으로서는 상식적으로 이해할 수 없는 명령이었지만 일단 순종했습니다.

MEMO

시간이 흐를수록 전세는 위급해졌습니다. 남아 있던 군인들마저 사울을 버리고 떠나기 시작했습니다. 7일째가 되었는데도 사무엘이 보이지 않자 위기감을 느낀 사울은 급한 마음에 자기 손으로 직접 번제를 드렸습니다. 번제를 끝내자마자 사무엘이 도착했습니다. 사울이 하나님의 명령을 지키지 않은 것을 사무엘이 책망하자 사울은 이렇게 변명했습니다.

"내 부하들은 내 곁을 떠나고 당신은 오기로 약속한 날에 오지 않고 게다가 블레셋군은 믹마스에서 전투태세를 갖추고 있는 것을 보고 블레셋 사람들이 나를 치려고 오는데 나는 아직도 여호와의 도움을 구하지 않았다는 생각이 들었소. 그래서 내가 당신을 더 이상 기다릴 수가 없어 하는 수 없이 번제를 드리고 말았소." (삼상 13:11,12 현대인의 성경)

그러자 사무엘은 사울에게 다음과 같은 하나님의 뜻을 전했습니다.

"당신은 어리석은 짓을 하였소! 당신은 왕으로서 당신의 하나님 여호와의 명령에 불순종했단 말이오. 여호와께서는 당신과 당신의 자손들을 영원히 이스라엘의 왕으로 삼을 작정이었소. 그러나 이제 당신의 나라는 길지 못할 것이오. 여호와께서는 이미 자기 마음의 드는 사람을 찾아서 자기 백성을 다스릴 왕으로 세웠소. 이것은 당신이 여호와의 명령에 순종하지 않았기 때문이오." _ 삼상 13:13,14현대인의 성경

MEMO

사울의 입장에서 보면 어느 정도 사울의 고충이 이해가 됩니다. 일단 상황이 위급했습니다. 사람들은 자기를 떠나려고 했습니다. 적은 곧 쳐들어 올 것 같았습니다. 절박한 상황에서 그래도 사울은 하나님께 제사를 드려야 한다는 것을 알고 있었습니다. 그래서 자신이 직접 제사를 드렸습니다. 그런데 왜 문제가 되었습니까?

그것은 하나님의 명령을 따르지 않았기 때문입니다. 아무리 위급해도 하나님께서 기다리라고 했으면 기다렸어야 했습니다. 인간의 기쁨, 인간의 뜻, 인간의 상황에 따라 예배를 마음대로 조정하고 드려서는 안 되는 것입니다. 하나님은 사울에게 환경보다 하나님을 의지하는 믿음을 보고 싶으셨습니다. 그런데 그 믿음의 시험에서 사울은 낙오되었습니다. 아니 사실 사울은 본래 하나님보다 사람을 더 의식하는 사람이었습니다. 그래서 사울의 인생은 항상 패배하는 인생입니다.

어찌 보면 좀 심하다는 생각도 듭니다. 하나님께 순종하지 않았다고 그 예배를 인정하지 않으셨습니다. 예배 하나 마음대로 드렸다고 한 일가의 운명이 바뀌었습니다. 그러나 예배 하나가 아닙니다. 예배가 그토록 중요한 것입니다. 하나님께서 원하시는 예배의 원리가 있습니다. 그 원리를 따를 때 예배 하나가 사람의 인생을 바꿉니다. 가문 전체의 운명이 완전히 뒤바뀝니다. 단 한 번의 예배로 신앙이 완성되지는 않지만, 그 한 번의 예배가 인생의 분깃점이 될 수 있습니다.

그래서 사무엘은 '순종이 제사보다 낫다' 고 했습니다. 불순종은 우리의 삶을 무섭게 갉아먹습니다. 많은 사람들이 매주 예배를 드리고 불순종 합니다. 예배

MEMO

를 통해 말씀하시는 하나님의 음성을 듣고 나서, 교회 문을 나서는 순간부터 그런 하나님을 전혀 못 만나 본 것처럼 행동합니다. 조심하십시오. 이는 내 신앙의 심장과 중추신경을 불순종이라는 독수리에게 파 먹히는 행위입니다.

말씀은 듣고 행한 만큼만 남습니다. 다시 말해서 실천할 때, 적용할 때, 순종할 때 내 것이 되는 것입니다.

Q. 예배묵상 : '순종이 제사보다 낫다' 는 의미가 무엇인가? 우리가 드리는 정성스럽고, 잘 준비된 그 어떤 예배보다도 비록 초라하지만 순종하는 예배를 하나님께서 더 기뻐하신다는 뜻이다. 오늘 하루 사무엘상 15장 22절 말씀을 계속 묵상해보라.

37일(화) 순종함으로 예배를 드리라

오늘의 묵상구절

"예물을 제단에 드리다가 거기서 네 형제에게 원망들을 만한 일이 있는 줄 생각나거든, 예물을 제단 앞에 두고 먼저 가서 형제와 화목하고 그 후에 와서 예물을 드리라" _ 마 5:23,24

MEMO

예배드리기 위해 교회에 오는 것은 사실 순종함으로 나오는 것입니다. 예배는 하나님께서 만드신 제도이고, 우리에게 명령하셨고, 가르쳐주신 신앙행위입니다. 그러므로 사실 예배는 순종함으로 나아가는 것입니다. 그런데 이와 정반대의 경우가 종종 있습니다. 즉 인간인 우리가 뜨겁게 기도하고 잘 준비해서 하나님을 그 예배의 현장에 초청하는 태도 말입니다.

예배는 하나님의 초청에 인간이 응답하는 현장입니다. 그러므로 그 거룩한 초청, 친밀한 교제, 축제의 잔치에 초대받은 자로서 순종함으로 나아가는 것입니다. 그 자리에 초대받은 것 자체가 기쁘고 즐겁고 감사한 것입니다. 그래서 감사함으로 예배하는 것입니다.

"너희가 하나님에게 가져 올 참 제사는 감사하는 마음이요" 시 50:14 표준 새번역

그러므로 예배는 내 필요를 채우기 위해, 우리 교회를 성장시키기 위해, 우리가 원하는 것을 허락받기 위해 하나님을 초청하는 행위가 아닙니다. 그분의 마음에 들도록 간절히 기도하고, 열정적으로 찬양함으로 하나님께 결재 받고 나서 그분을 저 높은 하늘로 다시 돌려보내드리는 굿판이 아니란 말입니다.

이민교회에서 10여년을 사역하다보니 교회가 둘로 나뉘어 서로 원수가 되는 경우를 자주 보게 됩니다. 이민교회 분열은 어제 오늘 일이 아닙니다. 언젠가 제가 음악목사로 섬기던 이민교회가 1년 만에 둘로 갈라졌습니다. 그때 갈라졌던 교회는 나와서도 몇 번이나 또 갈라졌습니다. 그때 한국교회의 연장선에서

MEMO

이민교회를 바라보던 핑크빛 청사진은 사라졌습니다. 이런 모습은 미국 한인사회에 퍼져있는 일반적인 현상입니다. 지금도 뉴욕, 워싱턴 DC, 시카고, 애틀랜타, 달라스, LA 등지에 있는 수많은 한인교회들이 깨어지고, 분열되고 있습니다.

마음이 아픈 것은 이러한 교회들이 서로에 대한 상처를 해결하지 못하고 목회 사역이 계속 진행된다는 점입니다. 마치 숯불을 그 가슴에 품고 살아가는 것과 같습니다. 그 상태로 매주 하나님께 예배를 드립니다. 우주적인 그리스도를 머리로 한 지체들이 서로 분열된 상태에서 함께 예배를 드릴 때 하나님은 마음이 아프실 것입니다.

"예물을 제단 앞에 두고 먼저 가서 형제와 화목하고 그 후에 와서 예물을 드리라" _ 마 5:23,24 하반절

예수님은 예배드리기 전에 먼저 형제와 화목하라고 명하셨습니다. 형제 사랑, 화목, 화평의 이슈는 예배와 직결됩니다. 이 문제를 해결하지 않고 원수 맺은 그 상태 그대로 예배를 드리니 예배의 능력이 나타날 수 없습니다. 생활 속에, 관계 속에 담이 있고, 미움이 있고, 당 짓고, 분열이 그대로 있는데 이를 해결치 않고 하나님께 나아오는 것은 말씀에 대한 불순종입니다. 순종 없는 예배에 하나님의 영광스러운 임재는 불가능합니다.

MEMO

38일(수) Why 보다 How

오늘의 묵상구절

"사드락과 메삭과 아벳느고가 왕에게 대답하여 가로되 느부갓네살이여 우리가 이 일에 대하여 왕에게 대답할 필요가 없나이다. 만일 그럴 것이면 왕이여 우리가 섬기는 우리 하나님이 우리를 극렬히 타는 풀무 가운데서 능히 건져내시겠고 왕의 손에서도 건져내시리이다. 그리 아니하실찌라도 왕이여 우리가 왕의 신들을 섬기지도 아니하고 왕의 세우신 금 신상에게 절하지도 아니할 줄을 아옵소서." _ 단 3:16-18

한동안 미국은 뉴욕 발 금융위기로 경제대국이라는 위신에 금이 갔습니다. 그 결과 우리 교회를 포함한 수많은 한인교회들, 그리고 수많은 그리스도인들이 재정적으로 극한의 어려움을 겪었습니다. 그 결과 목회자들까지 고통분담을

MEMO

해야 했습니다.

주님의 거룩한 교회가 재정적으로 어려움을 겪는 것을 처음에는 받아들일 수 없었습니다. 그리스도의 신실한 제자들이 겪는 경제적 고통도 마찬가지입니다. 이런 상황이 계속되자 '왜?'라는 질문이 떠나지 않았습니다. 그러나 하나님은 아무런 답변도 주지 않으셨습니다.

그러던 어느날 아침에 다니엘과 세 친구의 삶을 묵상하는 도중 깨달음을 주셨습니다. 그들은 아무런 죄 없이 목숨을 잃을 극한 상황 속에서도 "왜?"라고 묻지 않았습니다. 즉 '왜' 하나님은 이런 극한의 상황을 우리에게 주셨습니까? 원망하지 않았습니다. 오히려 주어진 상황 속에서 '어떻게' 하나님의 뜻대로 살 수 있는가에 집중했습니다.

이 깨달음은 제가 하나님께 그토록 기다리던 일종의 응답이었으며, 고난에 대해 적극적으로 반응할 수 있는 터닝 포인트가 되었습니다.

작년에 집회 차 시애틀을 방문했다가 만난 폐암을 극복한 모 교회 선배 원순이 전도사가 버지니아를 방문해서 잠깐 만났습니다. 제 이야기를 듣던 원순이 선배는 자신도 비슷한 체험이 있었다며 이야기를 들려주었습니다.

선배에게는 두 자녀가 있는데 둘 다 건강에 문제가 있답니다. 한 번은 너무나 마음이 아파서 하나님께 피를 토하며 "왜?"를 부르짖었답니다. 그때 하나님의 음성이 들려왔습니다. "너는 자녀가 둘이고 그래도 살아있지만 나는 하나 밖에 없는 내 아들을 너를 위해 십자가에 못 박아 죽게 했단다." 그 피 끓는 사랑의 음성에 펑펑 울고 말았답니다.

그때부터 선배는 하나님께 다시는 "왜?"를 묻지 않았답니다. 바로 그 깨달음이 암을 극복할 수 있는 원동력이 되었다는 것입니다. 사람들 가운데는 "왜? 전도사가 암에 걸려?"라며 비난했지만, 암환자 자신은 자기 상황을 한탄하는 대신 오히려 암을 담대하게 직면할 수 있었고, 극복할 수 있었다는 것입니다.

이야기를 들으며 감동이 밀려왔습니다. 바울은 히브리서 11:38에서 믿음의 위인들을 언급하면서 '세상이 감당치 못할 자'들이라고 말했습니다. 원순이 전도사는 비록 폐암 말기를 선언한 의사들의 사형 선고 앞에 무능력한 중년의 여인이었지만, 믿음으로 고백한 불굴의 투지는 이미 세상이 이길 수 없는 승리자의 모습이었습니다.

가장 극심하다는 폐암의 고통을 '왜'라고 항변하지 않았습니다. 대신 '어떻게' 극복할 지 믿음으로 직면함으로써 하나님의 치유의 강에 온 몸을 내어 던진 선배의 여장부다운 패기는 세상이 감당치 못하는 우리 시대의 살아있는 사도의 모습이었습니다.

고통은 인간을 고결하게 만듭니다. 순종만큼 인간의 삶을 업그레이드 해주는 것이 없습니다. 'Yes'만큼 인간의 삶을 풍요롭게 해주는 것이 없습니다. 하나님은 순종하는 사람을 사용하십니다.

Q. 예배묵상 1 : 나는 '왜'에 더 많은 시간을 보내고 있는가? '어떻게'에 더 많은 시간을 들이고 있는가?

MEMO

0.1초의 순종

어느 청명한 가을날, 커피전문점 스타벅스 밖의 벤치에 앉아서 가족과 함께 커피를 마시고 있었습니다. 아들 예훈이는 핫 초코를 마시고 있었는데 갑자기 바람이 심하게 불어 그만 컵이 엎어지고 말았습니다. 예훈이는 울상이 되었습니다. 나는 점원에게 가서 사정을 이야기하고 리필refill하면 된다고 타일렀습니다. '우리가 부주의한 일인데 괜찮을까?' 생각도 들었지만 일단 점원에게 갔습니다.

무척 바빠 보이는 점원에게 아들 예훈이가 직접 물었습니다. "바람 때문에 커피가 쏟아졌는데 리필 되요?" 그런데 점원의 반응은 의외로 단순했습니다. 단 0.1초의 주춤거림도 없이 "물론이죠!" 하며 새 컵에 새 핫 초코를 담아주었습니다. 쏟은 것에 대해 불편해 하거나 쏟은 이유를 확인하려고 주춤거리지 않았습니다. 어떤 실수를 했는지 따지지도 않았습니다. 바로 이런 태도가 스타벅스의 소비자 중심의 서비스 정신이지요.

하나님께 순종할 때 이 점원처럼 머뭇거리지 말아야 합니다. 하나님의 뜻이 분명하다면 주춤거리지 말아야 합니다. 우유부단한 순종은 헌신의 능력을 잃습니다. 0.1초의 순종, 그것이 우리 예배자가 견지해야 할 하나님 중심의 예배 정신heart of worship입니다.

'왜' 대신 '어떻게'를 선택하는 것은 하나님께 순종하는 것입니다. 'No' 대신 'Yes'로 반응하는 것은 하나님께 항복하는 것입니다. 왜는 내 의지를 항변하는 것이요, 어떻게는 하나님의 뜻을 찾아 순종하겠다는 것입니다. 설교를 들으며 '왜 저런 말씀을 오늘 나에게 주시는가?'에 대해 묵상하는 것 자체는 나쁘

MEMO

지 않습니다. 그러나 그 말씀에 대해 너무 오랫동안 '왜?'를 반문하는 것은 건강하지 못합니다. 오히려 그 말씀에 대해 '네'로 반응하고 '그러면 어떻게 살 것인가?'를 질문하고, 내가 좋아하던 방식, 가치관, 세상, 기쁨을 내려놓고, 하나님을 추구하고, 하나님의 기쁨을 추구하는 것, 이것이야 말로 진정한 예배자의 자세입니다.

> # Q.
> 예배묵상 2 : 하나님께 0.1초의 순종으로 반응하기 위해서 평소에 어떤 마음의 습관을 들여야 하고, 성령께 어떻게 반응하는 삶을 살아야 하는가?

39일(목) 기쁘게 항복하라

오늘의 묵상구절
"여러분은 죽은 사람들 가운데서 살아난 사람답게, 여러분을 하나님께 바치고, 여러분의 지체를 의의 연장으로 하나님께 바치십시오." _롬 6:13

저는 나 자신은 물론 찬양팀, 예배팀, 성가대와 함께 예배드리기 전에 항상 이렇게 기도합니다.

MEMO

"지금 이 시간 하나님보다 앞서 있는 마음, 예수님보다 높아져 있는 생각, 다 내려놓는 기도를 드립시다."

그리고 잠잠히 하나님만 바라는 기도를 드립니다. 이것은 하나님 앞에 나를 내려놓는 것입니다. 이것이 '항복' surrender입니다. 항복의 사전적 의미는 '싸움에 진 것을 상대에게 인정하고 굴복함', '자아를 굽혀 복종함' 입니다. 영어로 surrender는 '인도, 양도, 항복, 굴복, 함락'의 뜻을 갖습니다. 즉 내가 상대보다 약함을 인정하는 것입니다. 나 자신의 권리를 포기하고, 상대방에 넘기것입니다.

천지만물을 지으시고 지금도 주관하시는 하나님 앞에 나올 때마다 내 죄 된 의지를 꺾는 것입니다. 내 일방적인 요구를 내려놓는 것입니다. 하나님의 뜻을 받아드리는 것입니다. 그래서 매주 정기적으로 드리는 예배는 사실 '항복하는 훈련' 입니다.

롬 6:13은 "여러분은 죽은 사람들 가운데서 살아난 사람답게, 여러분을 하나님께 바치고, 여러분의 지체를 의의 연장으로 하나님께 바치십시오."(표준새번역) Today's English Version은 "Surrender your whole being to Him"으로 번역되어 있습니다. 즉 항복, 굴복하라는 것입니다. '내게 있는 모든 것을'의 후렴 부분에 이런 고백이 있습니다.

"주께 드리네 주께 드리네 사랑하는 구주 앞에 모두 드리네."

우리 말 번역은 "주께 드리네"로 되어 있어서 그 의미가 약합니다. 영어 원문은 "I surrender all" 즉 내 모든 것을 항복한다는 의미입니다. 항복하되 억지로 하는 항복이 있고, 기쁘게 하는 항복이 있습니다.

'목적이 이끄는 삶'에서 릭 워렌은 부정적인 이미지의 '항복'을 긍정적인 이미지로 바꿔야 함을 강조했습니다. 항복은 사람들이 좋아하는 단어가 아닙니다. 단어 자체가 즐거운 이미지 대신 부정적인 이미지를 줍니다. 경쟁사회에서 지는 것이요, 게임에서 실패하는 것입니다. 경쟁에서 승리한 자에게 죄나 패배의 대가로 굴복하는 것입니다. 심지어는 자신의 권리를 다 빼앗기는 것입니다. 세상의 권위자들은 우리가 항복할 때 우리의 것을 빼앗아 가고 자유를 속박합니다. 누구도 패배자가 되고 싶어 하지 않습니다. 그래도 항복해야 할 상황이 닥치면 항복하기 싫지만 억지로 항복하는 것입니다.

그러나 하나님은 잔인한 폭군이 아닙니다. 난폭한 힘을 사용하여 약한 자를 등쳐먹는 사기꾼이 아닙니다. 하나님은 사랑입니다. 그래서 우리의 자유를 속박하는 것이 아니라 더 큰 자유를 누리게 하십니다. 그것이 하나님께 항복할 때 드러나는 결과입니다. 그래서 우리는 기쁨으로 하나님께 항복할 수 있는 것입니다.

프랭클린 세글러가 말한 것처럼 모든 진정한 예배경험은 하나님의 뜻에 대한 순종과 항복을 요구합니다. 진정한 항복은 결코 억지로 하지 않습니다. 오히려 항상 기쁨을 수반합니다.[77]

---

77) Franklin M. Segler, revised by Randall Bradley, Understanding, preparing for, the practicing Christian Worship (Broadman & Holman Publishing, 1996), p. 70

MEMO

40일(금) 항복은 예배의 심장이다

오늘의 묵상구절

"나의 영혼이 잠잠히 하나님만 바람이여 나의 구원이 그에게서 나오는도
다. 오직 그만이 나의 반석이시요 나의 구원이시요 나의 요새이시니 내가
크게 흔들리지 아니하리로다." _ 시 62:1

대학 졸업반이었던 1988년, 나는 크리스천으로서 한 번 즈음은 통과해야 할
육적인 자아와 영적 자아의 싸움을 겪고 있었습니다. 즉 바울 사도가 로마서
7:19,24에서 고백했듯이, "내가 원하는 바 선은 하지 아니하고 도리어 원치 아
니하는바 악은 행하는도다... 오호라 나는 곤고한 사람이로다. 이 사망의 몸에
서 누가 나를 건져내랴"는 내적 갈등을 치열하게 경험하고 있었으니 당시 나의
내면세계는 한마디로 전시상황이었습니다.

어느 날 아침, 평소처럼 QT를 하고 있었습니다. 그날 본문은 다윗이 쓴 시편
62편이었다. 갑자기 1절이 내 영혼을 뒤흔들었습니다.

MEMO

"나의 영혼이 잠잠히 하나님만 바람이여 나의 구원이 저에게서 나는도 다."

수천 년 전 다윗의 고백이 그 아침에 살아서 내 마음을 움직이고 있었습니다. 문득 하나님 외에 너무 많은 것에 마음이 기울어져 있는 내 자신을 발견했습니다. 청년 다윗, 그에게도 얼마나 많은 고민과 두려움, 죽음의 위협과 대적이 있 었습니까? 하나님으로부터 왕으로 기름부음 받은 지 수년이 지났고, 다윗을 향 한 백성들의 인기는 하늘높이 치솟고 있건만, 여전히 현재의 왕은 자신을 죽이 려고 안간힘을 쓰고 있습니다. 그렇습니다. 이 시는 그저 평화로운 안식을 누리 며 고요한 마음의 평정 속에서 흘러나온 고백이 아니었습니다. 코앞에 다가오 는 죽음의 위협 속에서 터져 나온 영혼을 향한 명령이었습니다.

"나의 영혼아 잠잠히 하나님만 바라라. 대저 나의 소망이 저로 좇아 나는 도다." _ 시 62:5

이 말씀 앞에 내 마음이 녹아내렸습니다. '하나님 내가 하나님 아닌 다른 것 에 너무 마음을 빼앗기고 있었군요.' 이 말씀 앞에 무릎 꿇었습니다. 근심과 염 려를 내려놓았습니다. 극한 상황에서 오히려 "나의 영혼아 잠잠히 하나님만 바 라라" 명령하는 다윗의 고백이 그 어떤 해답보다 강력하게 내 영혼을 뒤 흔들었 습니다. 순간 어떤 영감이 떠올랐습니다. 불과 10여분 만에 '오직 주 만이' 라는 곡이 완성되었습니다.

MEMO

이 곡으로 송정미 자매가 극동방송 복음성가 경연대회 본선에 올라 대상, 작곡상을 받게 되었습니다. 그 이후 송정미는 이 곡을 갖고 전국방방곡곡을 다니며 '잠잠히 하나님을 바라는 믿음의 능력'을 담대히 선포하는 여 전사가 되었습니다. 감사한 것은 말씀 앞에 항복하고 작곡한 '오직 주 만이'가 지난 20여 년 동안 예배 현장에서도 변함없이 불리고 있는 예배곡이 되었다는 점입니다. 항복은 순종의 최고 단계요, 예배의 심장heart of worship입니다. 자아의 끝에서 하나님이 시작합니다.

하나님께 대한 항복은 절대로 우리를 약하게 만들지 않습니다. 오히려 강하게 합니다. 구세군 창시자인 윌리엄 부스는 말했다. "인간의 가장 위대한 능력은 그의 항복의 크기이다." 항복은 순종의 최고단계입니다.

Q. 예배묵상 : 하나님께 순종, 항복, 굴복함이 없는 봉사나 섬김은 극단적으로 표현해서 아무런 의미가 없다. 순종으로 진정한 주중예배, 삶의 예배가 시작된다. 나는 요즘 주일 예배, 주중 QT시 얼마나 순종하고, 어떠한 항복을 경험하고 있는가?

순종의 결과, 항복의 결과는 무엇이었나?

MEMO

추가읽기
"순종의 결과는 선교적 삶"

순종으로 드리는 예배는 전도 또는 선교와 직결된다. 어떤 면에서 예배는 선교의 연료이다. 이사야는 성전에서 하나님의 영광스러운 임재를 경험하고 나서야 비로소 진정한 전도자가 되었다.

> "그 때에 나는 주님께서 말씀하시는 음성을 들었다. 내가 누구를 보낼까?
> 누가 우리를 대신하여 갈 것인가? 내가 아뢰었다. 제가 여기에 있습니다.
> 저를 보내어 주십시오." _ 사 6:8 새번역

오늘 날 교회사역에서 가장 강조하는 복음전도도 사실은 예배의 결과로 일어나는 것이다. 워렌 위어스비는 진실한 예배와 격리된 복음전도는 과부하에 걸린 교회 프로그램의 하나이거나, 통계라는 가시적 결과에 집착하는 허영에 지나지 않는다고 못 박았다.[78]

선교도 마찬가지이다. 바울은 안디옥 교회의 예배 도중에 유럽선교에로의 부르심을 받았다(행 13:2). 예배와 분리된 선교는 하나님의 영광보다 인간의 필요를, 하나님께서 주신 영적 비전보다는 인간의 판단에 근거한 전략을 더욱 중요하게 여긴다.

존 파이퍼도 교회의 궁극적인 목표는 선교가 아니라 예배라고 직언했다. 선교를 주제로 다룬 책의 1장 첫 단락부터 예배의 우위를 강조하는 저자의 의도가

MEMO

매우 눈길을 끈다. "선교는 교회의 궁극적인 목표가 아니다. 예배가 없기 때문에 선교가 필요한 것이다. 왜냐하면 궁극적인 존재는 사람이 아니라 하나님이기 때문이다. 이 시대가 끝나고 구속받은 셀 수 없이 많은 이들이 하나님의 보좌 앞에서 머리를 조아리게 될 때 선교는 더 이상 존재하지 않을 것이다. 이는 일시적으로 필요한 것일 뿐이다. 그러나 예배는 영원히 남는다."[79]

오늘 날 수많은 선교사가 예배하기보다 일하느라 지쳐서 번 아웃burn out 되어간다. 하나님이 진정으로 원하시는 것은 일보다 예배이다. 우리가 예배할 때 하나님께서 선교하시고, 우리가 예배할 때 하나님께서 역사하신다. 예배에서 만난 하나님의 마음이 일보다 우선한다. 그리스도인의 사역의 권위는 바로 예배를 통해 주어지고 예배를 통해 동기부여가 되며, 예배를 통해 능력을 부여받는 것이다. 하나님의 임재가 있는 예배 현장에서 우리가 발견하는 하나님의 마음은 "잃어버린 영혼"에 대한 불타는 사랑이다. 그 신적 사랑이 동기가 될 때 한 나라를 바꾸는 위대한 일도 가능해진다.

중국을 뒤덮은 복음의 발원지

1865년 런던의 여름은 무덥고 음습했다. 중국 선교에 전념하던 중 과중한 업무로 병을 얻은 그는 영국으로 돌아와서 6년 동안 치료를 받아야 했다. 그동안 의료 선교사 자격증도 획득했다. 하지만 중국에 대한 거룩한 부담감으로 편안한 영국에서의 삶에 만족할 수 없었다. 푹신한 침대에 누워서도 수만, 수십만의

---

78) Warren W. Wiersbe, Real Worship, p.16–17
79) 존 파이퍼, 열방을 향해 가라, p.19.

MEMO

중국 영혼이 죽어가는 생각 때문에 잠 못 이루는 날이 많았다. 급기야 건강에 다시 이상 신호가 왔다.

이를 알게 된 오랜 친구 죠지 피어스가 브라이턴에 있는 해변으로 그를 초대했다. 그는 바닷가를 거닐면서 하나님과의 단 둘만의 시간을 자주 가졌다. 어느 주일 아침, 교회에 참석해서 예배를 드렸다. 마침 그날 새로 구원받은 사람들로 인해 감격한 성도들이 하나님께 감사와 찬송을 드렸다. 이 광경을 보고 있던 그의 마음은 한편으로는 감사했지만 다른 한편으론 고독하고 안타까웠다. 아무도 돌보지 않는 광활한 중국 대륙의 죽어가는 영혼들과 비교되었기 때문이다. 그는 그날 아침을 이렇게 회상했다.

"1865년 6월 25일 주일, 상심하여 축 늘어진 영혼을 붙들고 모래사장으로 나가 이리저리 홀로 거닐고 있었다. 주님은 그 곳에 찾아 오사 나의 불신을 압도하셨다. 나는 중국선교를 위해 내 한 몸 온전히 드리겠노라고 주님께 항복하고 말았다. 나는 주님께 모든 문제와 결과에 대한 책임을 주님께 내려놓겠다고 말씀 드렸다. 나의 몫은 주님의 종으로서 주님께 순종하고 따르는 것뿐이었다.

나와 나의 동역자들을 인도하시고 돌보시는 것은 하나님이 하실 일이었다. 수고로이 짐 지고 곤한 심령 속으로 평화가 밀려왔다. 나는 그 자리에서 선교사가 없는 11개 내륙 지방에 각각 선교사 2명과 몽고 선교사 2명, 모두 24명을 동역자로 달라고 기도했다. 손에 들고 있던 성경책 귀퉁이에 이 기도 제목을 적어두었다. 집으로 돌아오는 길에는 평안한 마음속에 잔잔한 기쁨이 흘렀다."

이 청년은 1849년 열일곱 살 나이에 중국선교사로 헌신한 허드슨 테일러이다. 투병 중이던 어느 주일 아침 예배를 통해 그는 중국에 죽어가는 영혼을 향

MEMO

한 강렬한 열망을 다시 한 번 회복했다. 바로 그때 앞날에 대한 모든 염려를 내려놓고 순종하고 항복함으로써 하나님께 재 헌신했다. 아울러 아직 선교사가 들어가지 않은 내륙 지방에 대한 선교전략도 세웠다. 바로 이때 중국내지선교회China Inland Mission가 태동되는 순간이었고, 그 작은 사건이 그의 선교 사역에 가장 중요한 분기점이 되었다.

그날 이후 그는 16명의 선교동역자들과 함께 중국선교 현장에 다시 뛰어들었다. 그를 통해 중국 내지에 100여명이 넘는 선교사들이 들어왔다. 그들 가운데 캠브리지 7인도 있고 그 중 한 명인 딕슨 에드워드 호스트가 나중에 그를 대신해서 CIM을 섬기게 된다. 그는 세계 여러 곳을 다니며 중국을 알리는 선교회를 조직하는 등 보다 본격적인 선교활동을 감당했고, 이후 중국선교의 아버지로 불리게 된다.

그가 바로 허드슨 테일러이다. 그를 통해 중국을 뒤바꾼 복음의 발원지는 바로 예배의 현장이었다. 테일러가 예배 중에 본 것은 회심에 대한 천국 잔치뿐 아니라 그 기쁨을 모르는 지구 반대편의 잃어버린 영혼들이었다. 오늘날 우리가 드리는 예배에 하나님의 마음이 녹아있는 현장이 있는가? 예배 순서와 형식에 너무 집중하느라 이웃과 세상을 향한 하나님의 마음을 깨달을 틈이 없지는 않은가? 마크 래버튼이 말한 것처럼 "예배드리다가 이웃을 잊어버리는 것, 바로 여기에 문제가 있다. 우리는 분명 하나님을 향해 열정을 품지만 그 열정으로 자기만족이나 자기 유익을 구할 때가 많다."80)

---

80) 마크 래버튼, 껍데기 예배는 가라 (좋은씨앗, 2007), p.31.

MEMO

하나님을 만난 바로 그곳에서 이웃을 만나는 것이 참된 예배이다. 잃어버린 영혼을 향한 하나님의 비전에 순종할 때 비로소 우리는 무너진 가정과 사회, 국가를 품게 된다. 복음이 들어가지 않은 땅, 족속과 방언들을 향한 하나님의 비전을 갖고 위대한 꿈을 꾸게 된다. 이것이 예배의 결과 시작되는 선교적인 삶이다.

III. 적용

예배는 기대감으로 시작해서 결국 순종으로 끝납니다. 리처드 포스터는 예배가 우리를 더 큰 순종으로 이끌지 못한다면 그것은 진정한 예배가 아니라고 했습니다. 아울러 순종이 제사보다 낫다는 사무엘의 언급을 통해 우리는 예배에서 순종의 위치가 얼마나 중요한 자세인지 배웠습니다.

자, 매 주마다 더도 말고 단 한 가지씩만 하나님께 순종합시다. 육신의 아버지에게도 순종하는 것이 인간의 도리인데 하물며 나를 사랑하시고 나를 위해 독생자 아들을 아낌없이 주신 하늘 아버지 하나님께 더 순종해야 하지 않겠습니까?

설교 말씀에, 양심에 호소하는 성령의 인도에, 내 마음에 다가오는 회개의 영과 결단과 헌신의 영에 순종할 때 내 삶은 매주 다음 단계로 성장하는 것입니다. 그래서 순종은 성숙으로 이어지고, 성숙은 성령의 열매를 포함한 영적 성장으로 이어집니다.

MEMO

예배 안에서 순종과 항복의 결과는 무엇일까요? 그것은 성도의 삶에 새로운 지평이 열리는 것입니다. 그것은 삶의 예배가 시작되는 것입니다. 우리의 삶은 우리의 예배를 증거합니다. 나의 삶이 내 믿음을 드러냅니다. 윌리암 우드핀은 "기독교의 증거는 책이 아니라 삶이요, 기독교의 능력은 교리가 아니라 그리스도의 인격"이라고 했습니다. 결국 진짜 그리스도인은 삶에서 예수의 인격이 드러날 때 증명됩니다. 그 결과 예수의 삶이 구속적 삶인 것처럼, 우리의 삶이 복음전도와 선교적 삶으로 변화될 것입니다. 순종으로 진정한 삶의 예배를 시작하십시오.

성령의 열매는
오직 순종의 정원에서만 자란다.
- 테리 풀럼

MEMO

나가는 말

"너희는 주께 받은바 기름 부음이 너희 안에 거하나니

아무도 너희를 가르칠 필요가 없고

오직 그의 기름 부음이 모든 것을 너희에게 가르치며

또 참되고 거짓이 없으니 너희를 가르치신 그대로 주 안에 거하라."

(요일 2:27)

드디어 40일 예배훈련이 끝납니다. 수고하셨습니다. 하지만 이제부터 시작입니다. 머리로 깨달은 내용이 가슴까지 내려오는데 시간이 걸립니다. 지난 40일간 묵상하고 실습했던 예배의 원리들을 성령 안에서 지속적으로 반복 적용하십시오. 그럴 때 여러분의 예배습관이 점차 영적 근육으로 형성될 것입니다.

처음 서두에서 언급했던 2가지 화두 기억나시나요? 첫째는 주일의 가치를 재발견하는 일입니다. 주일 하루를 하나님의 시간으로 여기는 것이 안식의 핵심입니다. 그럴 때 공예배도 더욱 온전한 예배로 드려질 수 있습니다. 저는 향후 10년 안에 한국교회가 사활을 걸고 이 부분을 해결하지 않으면 다음세대를 향한 믿음의 전수는 실패할 것이고, 결국 유럽교회처럼 몰락할 수 밖에 없다는 위기감에 빠져 있습니다.

둘째는 예배 안에서 회중의 역할을 재발견하는 것입니다. 지난 20년 동안 적어도 10만 명이 넘는 예배인도자들이 다양한 학교, 컨퍼런스, 선교단체를 통해 훈련받고 예배에 대해 눈이 띄었습니다. 이제는 회중이 깨어나야 할 때입니다. 이들이 왕같은 제사장으로 거듭날 때 공예배의 역동성도 살아날 것입니다. 백지장도 맞들어야 낫다는데 인도자와 회중이 한마음으로 하나님께 예배할 때 교회는 더욱 공고해지고, 하나님 나라는 더욱 확장될 것입니다.

본 훈련은 이 두 가지 기초 위에 7가지 예배의 법칙이라는 벽돌을 하나 하나 쌓아올리는 것입니다. 이는 목회자들만의 전유물이 아닙니다. 예배는 모든 성도의 믿음과 삶의 원천이며 봉사와 사역의 기초요 전도와 선교의 연료이기 때문입니다. 7가지 예배의 법칙이 성령 안에서 우리 모두의 영적 근육으로 형성될 때 우리는 진정한 예배자로 하나님 앞에 서게 됩니다. 그래서 우리는 지난 40일 동안 이 훈련과정을 해온 것입니다.

회중이 예배의 선수가 되면 목회자의 영역을 침범할 것을 두려워하는 분들도 계십니다. 아니면 제사장인 평신도가 직접 하나님을 만나니 더 이상 목회자가 필요없다고 여기는 분들도 계십니다. 둘 다 극단에 치우쳤습니다. 사도요한은 말합니다.

"너희는 주께 받은바 기름 부음이 너희 안에 거하나니 아무도 너희를 가르칠 필요가 없고 오직 그의 기름 부음이 모든 것을 너희에게 가르치며 또 참되고

거짓이 없으니 너희를 가르치신 그대로 주 안에 거하라." _요일 2:27

이 말씀은 하나님께 직접 가르침을 받기 때문에 더 이상 목회자가 필요 없다는 의미가 아닙니다. '내가 하나님께 직접 계시를 받았으니 담임 목사의 권위고 뭐고 다 필요 없어'는 더더욱 이단적인 태도입니다. 예배 가운데 하나님을 제대로 만나셨다면 오히려 교회 안에서 자신의 역할과 위치, 영적 질서에 대해 더욱 민감해질 수 밖에 없습니다. 나보다 높은 권위에 순종할 줄 알고, 주변 사람에게 겸손히 성육신의 자세로 다가갈 수 있게 됩니다. 그럴 때 하나님께서 세우신 교회의 질서 가운데 공동체를 건강하게 세워가기 위해 목회자의 충실한 동역자가 될 수 있습니다.

이 7가지 법칙들은 주일 회중예배와 삶으로 드리는 주중예배를 유기적으로 연결시키는 단순하면서도 통합적인 예배모델을 지향합니다. 예배가 삶이요 삶이 예배인 신약 성도의 삶을 일주일이라는 라이프 사이클과 접목시킨 예배의 원리입니다. 첫 번째 법칙인 기대감과 마지막 법칙인 순종은 삶으로 드리는 예배를 강화하고, 가운데 5가지 법칙은 주일 공예배를 강화합니다.

더 이상 수동적 관객으로 남지 마십시오. 왕 같은 제사장으로서 주체적인 예배자로 하나님께 드리십시오. 이런 신앙의 사이클로 10년을 살았을 때 그의 삶은 변화되고, 성숙해질 것입니다. 그가 속한 교회의 분위기가 바뀔 것입니다. 가정은 물론 그가 일하는 직장과 사회, 국가에 선한 영향을 미칠 것입니다. 이것이 예배자의 특권입니다. 이 기독교 역사의 유산, 아니 천국 문을 여는 열쇠를 움켜잡으십시오. 천국은 침노하는 자의 것입니다.

"침례 요한의 때부터 지금까지 천국은 침노를 당하나니 침노하는 자는 빼앗느니라." _마 11:12